Laute hören, bilden, unterscheiden

Sprachförderung mit dem ganzen Körper

Spielerische Logopädie-Übungen für Kita, Grundschule und zu Hause

Margarita Lehmann | Miriam Richter | Jessica Thiel

Verlag an der Ruhr

Impressum

Titel
Laute hören, bilden, unterscheiden – Sprachförderung mit dem ganzen Körper
Spielerische Logopädie-Übungen für Kita, Grundschule und zu Hause

Autorinnen
Margarita Lehmann, Miriam Richter, Jessica Thiel

Umschlagmotive und Illustrationen im Innenteil
Kinder: © Nicoleta Ionescu – Shutterstock.com

Druck
Heenemann GmbH & Co. KG, Berlin, DE

Verlag an der Ruhr
Mülheim an der Ruhr
www.verlagruhr.de

Geeignet für 3–10 Jahre

Wilhelmstr. 20, 45468 Mülheim an der Ruhr
ISBN 978-3-8346-6668-0

PEFC zertifiziert
Dieses Produkt stammt aus nachhaltig bewirtschafteten Wäldern und kontrollierten Quellen.
www.pefc.de

Inhaltsverzeichnis

Vorwort

Über die Autorinnen

Margarita Lehmann, Miriam Richter und Jessica Thiel schlossen 2015 gemeinsam ihre Ausbildung zur staatlich anerkannten Logopädin mit dem Staatsexamen ab. Im Anschluss daran studierten sie an der Zuyd University of Applied Sciences und beendeten ihren Studiengang 2017 mit dem Bachelor of Science im Fachbereich Logopädie. Parallel zum Studium begannen alle drei mit der Arbeit in logopädischen Praxen und konnten in diesem Rahmen bereits eindrückliche Erfahrungen bei der Arbeit mit Kindern im Kindergarten-, Vorschul- und Grundschulalter sammeln.

Während Frau Richter und Frau Thiel weiterhin einer logopädischen Praxistätigkeit nachgehen, arbeitet Frau Lehmann seit 2019 als Dozentin für Logopädie an einer Berufsfachschule. Zudem beendete sie 2023 ihr Masterstudium in Gesundheitsbildung und -pädagogik, welches ihr eine weitere Perspektive auf das Lernen und Lehren in seiner Ganzheitlichkeit eröffnete.

Entwickelten sich alle drei in den letzten Jahren in unterschiedliche logopädische Wirkungsbereiche, ist ihnen durch die tägliche Arbeit sowie durch Fort- und Weiterbildungen immer bewusster geworden, wie wichtig die Ganzheitlichkeit der Sprache und des Sprechens ist. Um Prozesse der Sprachbewusstheit bei Kindern im Vorschul- und Grundschulalter ganzheitlich zu fördern und das kollektive logopädische Fach- und Erfahrungswissen an sprachinteressierte Personen weiterzutragen, entwickelten sie gemeinsam das Arbeitsheft „Laute hören, bilden, unterscheiden – Sprachförderung mit dem ganzen Körper".

Unsere Motivation

Mit diesem Arbeitsheft entsteht eine Brücke zwischen der spezifischen logopädischen Arbeit und der Möglichkeit zur zielgenauen Förderung sprachlicher Prozesse und Vorläuferfähigkeiten des Lese- und Schreiberwerbs. Dabei dienen die enthaltenen Übungen lediglich zur kreativen Anregung und Begleitung von Kindern im Vorschul- bis Grundschulalter und ersetzen keine logopädische Intervention. Bei sprachlichen Auffälligkeiten und Abweichungen vom regulären Sprach- und Lauterwerb raten wir ausdrücklich zu einer Vorstellung in einer logopädischen Praxis, um eine individuell ausgerichtete und bedarfsorientierte Behandlung zu erhalten.

Die Motivation hinter diesem Arbeitsheft ist die niederschwellige Integration logopädisch aufbereiteter Inhalte zur sprachlichen Förderung in Berufszweige, die mit Kindern im Vorschul- und Grundschulalter arbeiten. Die ausgewählten Übungen wurden aus einer logopädischen Perspektive verfasst und um die Annahme einer ganzheitlichen Erschließung von Sprache erweitert. Im Zentrum unserer Übungen stehen die Selbstwirksamkeit und Selbsterfahrung der Kinder. Die meisten Eigenschaften von Lauten und Wörtern lassen sich nicht nur metakognitiv und metasprachlich erfassen, sondern können auch mit dem Einsatz des ganzen Körpers erfahren werden.

Parallel zum Sprach- und Lauterwerb entwickeln sich ganzkörperliche Fähigkeiten, wie beispielsweise das Laufen. Diesen engen Zusammenhang zwischen Sprache und körperlicher Aktivität nutzen wir für unsere Übungen. Neben der körperlichen Aktivität während der Übung empfinden wir den Austausch und die Interaktion der Kinder untereinander ebenfalls als wichtigen Aspekt unseres Ansatzes.

Unser Konzept definiert sich durch aufbereitete logopädische Inhalte, die Nutzung und gleichzeitige Förderung der körperlichen und sprachlichen Eigenwahrnehmung der Kinder und die Interaktion von Kindern untereinander.

Mögliche Zielgruppen

Unser Konzept ist für alle Personen geeignet, die Kinder bei der Entwicklung eines Laut- und Sprachbewusstseins unterstützen möchten. Diese Förderung kann im Rahmen einer beruflichen Tätigkeit erfolgen und/oder im privaten Rahmen stattfinden.

Im Folgenden finden Sie eine Aufzählung möglicher Berufsgruppen, die von unserem Konzept profitieren könnten:

- Lehrende an Grund- und Förderschulen
- Erzieher*innen[1], die Vorschulgruppen betreuen
- Integrationshelfer*innen
- Heilpädagog*innen
- Sozialpädagog*innen
- Sozialarbeiter*innen
- Alltags- und Schulbegleiter*innen
- Ergotherapeut*innen
- Logopäd*innen

Mögliche Förderziele

Die Einsatzmöglichkeiten unseres Arbeitshefts zur zielorientierten sprachlichen Förderung sind individuell an jedes Setting und Förderbedürfnis anpassbar. Folgend möchten wir die für uns wichtigsten Ziele hervorheben:

- Neugierde und Spaß für Laute und Sprache wecken
- Niederschwellige Förderung der Vorläuferfähigkeiten für den Lese-Rechtschreib-Erwerb
- Ganzheitliche und körperunterstützte Förderung der Vorläuferfähigkeiten für den Lese-Rechtschreib-Erwerb

[1] Der Verlag an der Ruhr legt großen Wert auf eine geschlechtergerechte und inklusive Sprache. Daher nutzen wir neutrale Formulierungen oder das Gendersternchen, um alle Menschen unabhängig von Geschlecht oder Geschlechtsidentität einzuschließen. In Texten für Schüler*innen finden sich aus didaktischen Gründen neutrale Begriffe bzw. Doppelformen.

Theoretisches Hintergrundwissen

Sprachentwicklung

Die Sprachentwicklung beginnt bereits ab der Geburt mit der vorsprachlichen Entwicklungsphase. Hierbei verständigen sich Kinder durch Schreien und machen so bereits erste Erfahrungen mit der Sprache *(Bockmann et al., 2020; Zollinger, 2014)*.

Im Alter von zwei bis sechs Monaten kommen zum Schreien das Babbeln, Gurren und Lallen hinzu. Ab dem sechsten Lebensmonat verlängert sich das Lallen zu Silben und Silbenketten. Das erste Wort sprechen Kinder häufig um das erste Lebensjahr herum und entwickeln im Laufe dieses Jahres einen Wortschatz von rund 50 Wörtern *(Bockmann et al., 2020; Kauschke, 2012; Zollinger, 2014)*.

Der Lauterwerb erfolgt von vorn nach hinten. Zum erworbenen Lautinventar im ersten Lebensjahr zählen in der Regel alle Vokale sowie die vorderen Konsonanten „m", „n", „p", „b" und „d" *(Fox-Boyer et al., 2015; Pittner, 2016; Bartels et al., 2022)*.

Im Alter von zwei Jahren beginnen Kinder bereits mit der Produktion von Zwei-Wort-Sätzen und bei vielen Kindern kommt es in diesem Lebensjahr zu einer Wortschatzexplosion, wobei sie in kurzer Zeit viele neue Wörter lernen *(Bell, 2019; Bockmann et al., 2020; Kauschke, 2012; Bartels et al., 2022)*. Außerdem erwerben die Kinder weitere neue Laute. Hierzu zählen beispielsweise „w", „f", „l", „t", „h", „k", „s", „r" sowie erste Konsonantenverbindungen wie „bl" und „fl". Auch hier lässt sich der Verlauf des Lautspracherwerbs von vorn nach hinten erkennen *(Fox-Boyer et al., 2015)*.

Mit dem dritten Lebensjahr wächst der Wortschatz stetig weiter. Die Kinder beginnen, mit Wörtern zu spielen, wobei es zu Wortneuschöpfungen kommen kann *(Zollinger, 2014)*. In diesem Alter sind sie nun bereits dazu in der Lage, korrekte Sätze, bestehend aus Subjekt, Prädikat und Objekt, zu bilden *(Bockmann et al., 2020; Fox-Boyer et al., 2015; Kauschke, 2012)*. Auch werden weitere Laute wie „j" und „ch" erworben *(Fox-Boyer et al., 2015; Pittner, 2016)*.

Vorwort

Im Alter von vier bis sechs Jahren wird die Sprachentwicklung weitestgehend abgeschlossen. Der Wortschatz vergrößert sich stetig und mit dem „sch" wird der letzte Laut des deutschen Lautinventars erworben. Ebenfalls lernen die Kinder, in komplexeren Sätzen zu sprechen, und können bereits Geschichten erzählen, die immer mehr ausgeschmückt werden. Sie sind nun auch dazu in der Lage, korrekte Zeitformen zu verwenden, und sie beherrschen bereits die Grammatik *(Bockmann et al., 2020; Kauschke, 2012; Pittner, 2016; Bartels et al., 2022)*.

Entwicklung des Lesens und Schreibens

Von der Bildanschauung bis hin zum automatisierten Lesen und Schreiben durchlaufen alle Kinder zumindest qualitativ die gleichen Entwicklungsphasen. Uta Frith (1985) geht davon aus, dass sich Lesen und Schreiben in Abhängigkeit voneinander entwickeln und hohe Überschneidungen in den zu durchlaufenden Phasen aufweisen. Sinnerfassendes Lesen trägt erheblich zur eigenständigen Bewältigung des Alltags bei. Am Anfang der Lese- und Schreibentwicklung sind die Kinder mit einem komplexen Vorgang konfrontiert. Buchstaben müssen zunächst richtig erkannt und Laute den entsprechenden Buchstaben zugeordnet werden. Anschließend können durch Entschlüsselung der Lautfolge die Wortbedeutungen entnommen oder Wörter verschriftlicht werden.

- Die Entwicklung des Lesens und Schreibens markiert die **präliteral-symbolische Phase**. In dieser Phase wird das Schreiben in Form von Kritzeln und wellenförmigem Malen als Stellvertretung von Schrift nachgeahmt. Kinder imitieren das Lesen von Büchern mit Pseudolesen, indem sie „so tun, als ob sie lesen" *(Steinbrink & Lachmann, 2014)*.
  Ein unauffälliger Lese- und Rechtschreiberwerb lässt sich anhand des entwicklungspsychologischen Modells von Frith (1985) in drei übergeordnete Phasen einteilen. Diese drei Phasen schließen sich sowohl beim Leseerwerb als auch beim Rechtschreiberwerb an die oben beschriebene präliteral-symbolische Phase nahtlos an.
- In der darauffolgenden **logographischen Phase** treten visuell hervorstechende Merkmale von Wörtern in den Mittelpunkt der Aufmerksamkeit des Kindes. In dieser Phase werden bekannte Wörter anhand prägnanter graphischer Merkmale erkannt und identifiziert. So kann beispielsweise der erste Buchstabe des Worts „Mama" eine solche markante Eigenschaft aufweisen, sodass das Kind das Wort richtig erkennt und somit benennen kann. Die Buchstabenreihenfolge und phonologische Eigenschaften werden zunächst nicht berücksichtigt, sodass ein anderes Wort mit dem gleichen Anfangsbuchstaben, zum Beispiel „Milch", fälschlicherweise ebenfalls als „Mama" interpretiert wird. Schriftlich werden diese markanten Merkmale nachgeahmt und bilden einen wichtigen Orientierungspunkt beim Schreiben des eigenen Vornamens.
- In der **alphabetischen Phase** müssen visuelle Symbole zunächst als Buchstaben (Grapheme) erkannt sowie entschlüsselt und als Buchstabenrepräsentationen im orthographischen Lexikon des Langzeitgedächtnisses gespeichert werden. Diesen Graphemen werden die entsprechenden Laute (Phoneme) zugeordnet. Die Fähigkeit, welche die Verknüpfung von Graphemen (Buchstaben) und Phonemen (Lauten) beschreibt, wird Graphem-Phonem-Korrespondenz genannt. Mithilfe einer adäquaten Graphem-Phonem-Korrespondenz können Kinder lautgetreue Realwörter und Pseudowörter (lautgetreue Wörter ohne Wortbedeutung) lesen und schreiben.
- Durch die Festigung der zuvor beschriebenen Graphem-Phonem-Korrespondenz können in der **orthographischen Phase** immer größere Buchstabensequenzen auf einmal erfasst und verarbeitet werden. Dadurch können orthographische Strukturen als Wortrepräsentationen im orthographischen Lexikon gespeichert werden, was eine direkte Worterkennung ermöglicht. Zusätzlich entwickelt sich orthographisches Wissen in Bezug auf Rechtschreibung und grammatikalische Regeln in Bezug auf das Schreiben. Sobald das Enkodieren der Wörter sicher und schnell gelingt, kann die

Aufmerksamkeit auf den semantischen Inhalt des Worts gelenkt werden. Eine schnelle und sichere Enkodierung wirkt sich somit begünstigend auf die Leseflüssigkeit aus *(Wolf & Katzir-Cohen, 2001, zitiert nach Nagler et al., 2018)*. Diese bildet wiederum eine essenzielle Voraussetzung für das Leseverständnis *(Leinonen et al., 2001, zitiert nach Nagler et al., 2018)*. Treten Probleme im Leseerwerb auf, lassen sich im Deutschen überwiegend Schwierigkeiten in der Lesegeschwindigkeit beobachten. Diese basieren auf Defiziten in der Verarbeitung größerer orthographischer Einheiten, welche sich wiederum durch eine ungenügend gefestigte Graphem-Phonem-Korrespondenz herleiten lassen. Die Folge einer solchen Problematik ist eine zeitaufwändige Lesestrategie, beispielsweise das Lesen Buchstabe für Buchstabe. Die daraus resultierende verlangsamte Lesegeschwindigkeit kann zu einem verringerten Leseverständnis führen.

Phonologische Bewusstheit

Der interessierte und spielerische Umgang mit Sprache ist die Vorstufe der Sprachbewusstheit. Die phonologische Bewusstheit wird als eine bestimmte Form der Sprachbewusstheit angesehen. Sie beschreibt im Allgemeinen die Fähigkeit, über gesprochene Sprache reflektieren zu können, und impliziert das Wissen über Silben, Reime und Laute. Kinder entwickeln phonologische Kompetenzen circa ab dem dritten Lebensjahr und differenzieren und spezifizieren jene Kompetenzen bis zum Abschluss der Grundschulzeit *(Schnitzler, 2008)*. Die phonologische Bewusstheit befähigt uns, die lautliche Struktur gesprochener Sprache analysieren und manipulieren zu können, ohne auf die Bedeutung des Gesprochenen einzugehen *(Tunmer u. Hoover, 1992, nach Schnitzler, 2008)*. Die Entwicklung der phonologischen Bewusstheit erfolgt von größeren Einheiten (Reime und Silben) hin zu kleineren Einheiten (Laute). Daher unterscheidet man zwei wesentliche Aspekte: die phonologische Bewusstheit im weiteren und engeren Sinne *(Skowronek & Marx, 1998, zitiert nach Jahn, 2007)*.

- **Die phonologische Bewusstheit im weiteren Sinne** befasst sich mit größeren sprachlichen Einheiten. Diese sind sprachrhythmisch und akustisch in der gesprochenen Sprache gut markiert und wahrnehmbar. Dazugehörige Teilbereiche sind die Silbensegmentierung sowie die Reimerkennung und Reimproduktion. Bei der Entwicklung der phonologischen Bewusstheit im weiteren Sinne handelt es sich um Leistungen der impliziten Bewusstheit, also dem Vorhandensein von sprachlichem Wissen ohne bewusste Anwendung dessen. Zu beobachten sind daher eher spontane Verhaltensweisen, beispielsweise Klatschspiele. Die Entwicklung der phonologischen Bewusstheit im weiteren Sinne beginnt im Vorschulalter. Aus einer Studie von Kenner et al. (2017) geht hervor, dass es bereits Hinweise auf erste rezeptive Kompetenzen der phonologischen Bewusstheit bei Kindern ab einem Alter von 2,5 Jahren gibt. Das in der frühen Kindheit einsetzende Sprachbewusstsein gehört zu den ersten leserelevanten Kompetenzen *(Juska-Bacher et al., 2015)*. Vorliegende Evidenzen bestätigen, dass sprachunauffällige Kinder ab einem Alter von 3 ½ Jahren alle zuvor genannten Kompetenzen der phonologischen Bewusstheit im weiteren Sinne beherrschen und erfolgreich anwenden können *(Kenner et al., 2017)*.
- **Die phonologische Bewusstheit im engeren Sinne** impliziert kleinste phonologische Einheiten. Es entwickelt sich ein Bewusstsein für einzelne Laute. Im Gegensatz zur impliziten Bewusstheit handelt es sich hier um explizite Bewusstheit, also die bewusste Reflexion und Analyse der phonologischen Struktur unabhängig von sprachrhythmischen und semantischen Informationen. Die Teilbereiche der phonologischen Bewusstheit im engeren Sinne bilden die Lautanalyse und -synthese sowie die Lautmanipulation. Die Fähigkeit, Laute zu analysieren, zu synthetisieren und zu manipulieren, wird von der Komplexität des Worts und der Position der Laute stark beeinflusst *(Anthony & Francis, 2005)*. So fällt es Kindern zu Beginn leichter, Laute in initialer oder finaler Position zu identifizieren, mit zunehmenden Kompetenzen

können auch mediale Laute identifiziert werden *(Juska-Bacher et al., 2015)*. Die phonologische Bewusstheit im engeren Sinne hat daher einen engen Bezug zum Schriftspracherwerb und gilt als zentrale Vorläuferfähigkeit. Die phonologische Informationsverarbeitung, welche vor allem durch die Kompetenzen der phonologischen Bewusstheit im engeren Sinne geprägt ist, nimmt seit Jahrzehnten einen hohen Stellenwert in der Forschung ein und markiert diese als wichtige und spezifische Vorläuferfähigkeit des Schriftspracherwerbs. Eine frühe Buchstabenkenntnis ist insbesondere im frühen Schriftspracherwerb der Grundschule essenziell *(Rank, 2020)*. Eine Vielzahl von Studien konnte belegen, dass (vor)schulische Kompetenzen, zu der auch die phonologische Bewusstheit zählt, den Schulerfolg und die Schulleistung frühzeitig vorhersagen können *(Mays et al., 2023)*. Für den Vorschul- und Elementarbereich zeigen Untersuchungen, dass die Förderung aller Komponenten der phonologischen Bewusstheit positiven Einfluss auf die sprachliche Entwicklung und den Schriftspracherwerb hat *(Bennett et al., 2023)*. Die gezielte Förderung der phonologischen Bewusstheit wirkt sich auch bei Kindern mit Migrationshintergrund positiv auf die sprachlichen Fähigkeiten aus, führt jedoch isoliert nicht zu einer signifikanten Verbesserung der Lese-Rechtschreib-Leistungen *(Paetsch et al., 2014)*.

Die frühsprachliche Kompetenz, zu der auch die phonologische Bewusstheit im weiteren und engeren Sinne zählt, gilt in der Literatur als Schlüssel für den individuellen Bildungserfolg jedes Kindes und jedes*jeder späteren Erwachsenen. Aufgrund ihres hohen Stellenwerts als Prädiktor für den Schulerfolg wurde die sprachliche Bildung und Förderung in allen Bundesländern Deutschlands zum Ziel des Elementarbereichs und des frühen Primarbereichs ernannt *(Egert et al., 2020)*. Die implizite und explizite sprachliche Förderung obliegt dem pädagogischen Personal der Einrichtungen und wird aus Sicht der Umsetzenden als ganzheitliches und kreatives Konzept verstanden. Für Vorschulkinder werden gesonderte Angebote bereitgestellt, welche die Vorläuferfähigkeiten des Lese- und Schreiberwerbs fördern sollen. Es ist jedoch nachgewiesen, dass die Vorläuferfähigkeiten bei Schuleintritt aufgrund sozialer Ungleichheiten unterschiedlich ausgeprägt sind. Dies kann laut aktuellem Forschungsstand durch eine qualitativ hochwertige, einrichtungsbezogene Sprachförderung kompensiert werden *(Rank, 2020)*. Der Übergang von der Vorschule zur Grundschule stellt einen entscheidenden Wandlungsprozess der Kindheit dar, der mit vielseitigen Veränderungen einhergeht und einen entscheidenden Grundstein für die individuelle Bildungsbiografie des Kindes legt *(Mays et al., 2023)*.

In den Jahren der Lese- und Schreibentwicklung profitieren Kinder mehr von sozialen und kreativen Kontexten als von starren Unterrichtskonzepten. Vor allem der Kontakt zu Gleichaltrigen und das gemeinsame Erschließen von Sprache stellt einen wichtigen Pfeiler der Literalität dar *(Bennet et al., 2023)*. Thieme (2012) beschrieb zielgerichtete und ressourcenorientierte Bewegungsanlässe im Kontext der (vor)schulischen Bildung als eine Möglichkeit zur Förderung des physischen, schulischen und sozialen Selbstkonzepts von Vorschulkindern. Gezeigt wurde, dass Herausforderungen, verwandelt in authentische Lernerfahrungen, dazu beitragen können, dass sich schon vor dem konkreten Übergang eine positive Einstellung zur Schule entwickelt und das Selbstkonzept stärkt *(Mays et al., 2023)*.

Ganzheitlichkeit

Bereits der Reformpädagoge Célestin Freinet fand heraus, dass es keinen allgemeingültigen Lernweg gibt, von dem alle Menschen gleichermaßen profitieren. Unterschiedliche Qualitäten, Begabungen, Lerntypen etc. erfordern unterschiedliche Lernansätze. In der Gehirnforschung konnte bereits bewiesen werden, dass nicht alle Menschen auf die gleiche Art und Weise lernen. Die Grundmuster des Lernens entwickeln sich bereits in den ersten Lebensjahren und werden beispielsweise durch Erbanlagen und Umwelteinflüsse geprägt. Daher sind die Wahrnehmungskanäle wie Sehen, Hören, Fühlen etc. bei jedem Menschen in unterschiedlichem Maße ausgeprägt. Dennoch lassen sich vier grundlegende Lerntypen beobachten, die durch Frederic Vester kategorisiert wurden:

- Der **auditive Typ** versteht überwiegend durch Gespräche sowie Erklärungen und lernt durch Zuhören.
- Beobachtend-nachvollziehend lernt vor allem der **optisch-visuelle Typ**. Er profitiert von Bildern und Grafiken und kann durch das Lesen von Texten gute Lernerfolge erzielen.
- Personen, die durch Anfassen, Fühlen und die selbstständige Durchführung von Handlungen lernen, werden dem **haptischen Typen** zugeordnet.
- **Verbal-abstrakte Typen** lernen durch Begriffe, Formeln und Systematik. Sie speichern Informationen bestmöglich ab, indem sie sich kritisch mit diesen auseinandersetzen.

Oft überwiegt ein bestimmter Eingangskanal, über den Informationen aufgenommen werden. Damit für alle Lernenden optimale Lernbedingungen geschaffen werden können, sollte ein Zugang der Lerninhalte über möglichst viele Eingangskanäle sichergestellt werden. Dieses vielseitige Angebot bietet jedoch nicht nur optimale Lernbedingungen für möglichst viele Personen, sondern sorgt ebenfalls für eine umfassende Verknüpfung der Inhalte, welche für eine dauerhafte Verankerung des Gelernten im Gehirn sorgt *(Lensing & Lensing, 2007)*.

Diese Erkenntnis konnte durch eine Studie von Mathias und von Kriegstein *(2023)* bestätigt werden. Sie fanden heraus, dass sich multimodales Lernen positiv auf crossmodale Gehirnaktivitäten auswirken kann. Beispielsweise können visuelle Hirnregionen während der Präsentation eines auditiven Reizes aktiv sein, wenn zuvor der auditive Lerninhalt mit einem passenden visuellen Reiz gekoppelt wurde. Für eine optimale Verknüpfung sollten die Informationen kongruent sein. Ein Beispiel für eine sinnvolle Kongruenz ist die Kopplung eines Vogelbilds (visueller Stimulus) mit Vogelgezwitscher (auditiver Stimulus). Für eine sensomotorische Verknüpfung kann ein Lerninhalt darüber hinaus auch mit einer körperlichen Bewegung gekoppelt werden. Bereits im Kindesalter erhält das Thema Bewegung in Bezug auf Lernen eine große Relevanz. Durch das Ausprobieren verschiedener Handlungen entwickeln Kinder ein Verständnis für neue Begriffe. Beispielsweise können durch Anfassen und Erfühlen neue Formen, Oberflächen oder Eigenschaften kennengelernt und mit der Zeit in einen sprachlichen Kontext integriert werden. Ebenso erlangen abstrakte neue Wörter wie „hüpfen" oder „rennen" durch eine passende Aktivität ihre Bedeutung. Die Sprach- und Bewegungsentwicklung stehen daher in einem engen Kontext zueinander und bedingen sich gegenseitig *(Zimmer, 2015)*. Eine Studie von Mandler und Zimmer *(2006)* belegt, dass sich gut ausgebildete motorische Fähigkeiten positiv auf sprachliche Leistungen auswirken. In Bezug auf das multimodale Lernen lässt sich daher schlussfolgern, dass mehrfach kodierte Stimuli für einen schnelleren Informationsabruf sorgen, da mehrere Wege für den Abruf genutzt werden und jede Modalität die andere crossmodal aktivieren kann *(Mathias & von Kriegstein, 2023)*.

Allgemeine Hinweise

Altersangaben

Die Altersangaben bei den Übungen orientieren sich an Normwerten aus logopädischen Literaturquellen und stellen einen groben Richtwert dar. Abweichungen und Einschränkungen der Fähigkeiten sind personenbezogen und können in der angegebenen Altersgruppe auftreten. Wir möchten Sie dazu anhalten, die individuellen Kompetenzen der Kinder immer in die Übungsauswahl miteinzubeziehen und die Übungen bei Bedarf an die Fähigkeiten der Kinder anzupassen.

Kriterien für die Materialauswahl

Bei der Auswahl des Wort- und Bildmaterials gibt es einige Kriterien, die den Schwierigkeitsgrad beeinflussen. Konkrete Begriffe sind leichter zu visualisieren und somit für Kinder leichter zu erfassen als abstrakte Begriffe. Darüber hinaus sind hochfrequente Items durch ihre kontinuierliche und gesicherte Speicherung leichter zu verarbeiten als niedrigfrequentes Material. In Bezug auf die Wortstruktur des Materials lässt sich zusammenfassen, dass kurze Wörter mit einer einfachen Lautstruktur leichter zu erfassen und zu verarbeiten sind als längere Wörter mit komplexeren Lautverbindungen (z. B. Konsonantenverbindungen).

Bei Übungen aus dem Bereich „Reimen" sollte vorhandenes Bildmaterial immer durch die Lehrperson im Vorfeld benannt oder mit den Kindern gemeinsam erarbeitet werden. Dadurch kann ein gemeinsamer Wortschatz und somit ein gemeinsames Zielwort sichergestellt werden. Bei anderen Übungen, in denen Bildmaterial verwendet wird, kann die Lehrperson optional entscheiden, ob dieses im Vorfeld besprochen wird.

Übungen zur Förderung der phonologischen Bewusstheit

Wortzwillinge

Reime erkennen

Alter ab 4 Jahren

Material
- » Wortmaterial: Reimwörter und Ablenker (S. 13)
- » Symbolkarten: passende und unpassende Reimpaare (S. 14)

Ziel Die Kinder beurteilen, ob sich vorgesprochene Wortpaare reimen.

Vorbereitung

Sie leiten die Kinder an, in dieser Übung gleich klingende Wörter (Reimpaare) zu finden. Sie führen die Symbolkarten zur Visualisierung passender und nicht passender Reimpaare ein und legen diese an zwei zuvor aufgebauten Stationen aus. Passende Reimpaare werden durch die Symbolkarte der gleich aussehenden Zwillinge repräsentiert, unterschiedlich klingende Wörter durch die Symbolkarte der nicht gleich aussehenden Personen.

So geht's

1. Die Kinder stellen sich in einer Reihe im Raum auf.
2. Sie sprechen dem ersten Kind aus der Reihe ein Wortpaar vor. Pro vorgesprochenem Wortpaar entscheiden dabei Sie, ob Sie ein sich reimendes Wortpaar oder ein Wort mit einem Ablenker anbieten.
3. Das Kind beurteilt, ob es sich bei dem vorgesprochenen Wortpaar um ein Reimpaar handelt, und positioniert sich an der entsprechenden Station.
4. Nach der Auflösung ist das nächste Kind an der Reihe und bekommt ein neues Wortpaar vorgesprochen.

Mögliche Wortpaare

- » Zwei sich reimende Wörter (Hose – Rose)
- » Ein Wort mit passendem phonologischen Ablenker (Hose – Hase)
- » Ein Wort mit passendem semantischen Ablenker (Hose – T-Shirt)

Alternative Variante

Die Übungsdurchführung kann abgewandelt werden, indem Sie jedes Wortpaar allen Kindern gleichzeitig vorsprechen und sich dann alle Kinder der Gruppe gleichzeitig den Stationen zuordnen. So haben die Kinder eine Möglichkeit zum Austausch und können sich ggf. gegenseitig helfen.

Wortzwillinge

Reime erkennen

Wortmaterial: Reimwörter und Ablenker

	Reimwort	**Semantischer Ablenker**	**Phonologischer Ablenker**
Biber	Fieber	Baum	Bücher
Bild	Schild	Nagel	bald
Reis	weiß	Teller	Riss
Wolle	Knolle	Nadel	Wille
Sinne	Rinne	Augen	Sonne
Nudel	Pudel	Gabel	Nadel
Raum	Baum	Haus	Maus
Regen	fegen	Schnee	Besen
Socke	Locke	Fuß	Sack
Schuhe	Ruhe	Jacke	Schule
Wange	Zange	Kopf	Wagen
Spatz	Schatz	Huhn	Sport
Reifen	Streifen	Auto	Seife
Vater	Kater	Mutter	Fahrer
Leute	heute	Kinder	Leiter
Schrank	Bank	Bett	Wand
Wurm	Turm	Frosch	warm
Ziege	Liege	Schaf	zeigen
Buch	Tuch	Stift	Bach
Wind	Kind	Regen	Wand
Rasen	Hasen	Hecke	Rosen

Wortzwillinge

Reime erkennen

Symbolkarte: passende Reimpaare

Abb.: Anja Boretzki

Symbolkarte: unpassende Reimpaare

Abb.: Anja Boretzki

Die Schatzsuche

1/9

Reime finden

Alter ab 4 Jahren

Material
- » Wortmaterial: Reimwörter und Ablenker (S. 16)
- » Bildmaterial: Reimwörter und Ablenker (S. 17–23)

Ziel Die Kinder finden aus einer Auswahl von Wörtern (Zielwort und Ablenker) zu einem vorgesprochenen Wort das passende Reimwort.

Vorbereitung

Sie leiten die Kinder an, in dieser Übung gleich klingende Wörter (Reimpaare) zu finden. Sie bauen drei Stationen auf und statten diese vor jeder Runde mit Bildkarten aus. Jede Station stellt eine Antwortmöglichkeit dar. Eine Station enthält das zum vorgesprochenen Wort passende Reimwort, die anderen Stationen jeweils den phonologischen und semantischen Ablenker.

So geht's

1. Die Kinder stellen sich im Raum auf und Sie nennen ein Wort.
2. Die Kinder entscheiden, an welcher Station sich das passende Reimwort befindet, und positionieren sich an dieser.
3. Vor jeder Runde tauschen Sie die Bildkarten, entsprechend dem nächsten Zielwort, aus. Es ist wichtig, die Positionen der Zielbildkarte und Ablenkerkarten innerhalb der Stationen pro Runde zu variieren.

Vereinfachung

Sollte die Übung mit zwei Ablenkern zu schwierig für die Übungsgruppe sein, kann eine Art von Ablenkern (semantisch oder phonologisch) entfernt werden.

Die Schatzsuche

Reime finden

Wortmaterial: Reimwörter und Ablenker

		Reimwort	semantischer Ablenker	phonologischer Ablenker
1	Hose	Rose	T-Shirt	Hase
2	Maus	Haus	Käse	Mais
3	Fisch	Tisch	Muschel	Frosch
4	Hund	Mund	Katze	Hand
5	Fliege	Ziege	Biene	Flügel
6	Topf	Kopf	Deckel	Tropfen
7	Flasche	Tasche	Glas	Fische
8	Ohr	Tor	Nase	Uhr
9	Nase	Hase	Mund	Hose
10	Tasse	Kasse	Teller	Nase
11	Bauch	Schlauch	Kopf	Baum
12	Schwan	Kran	Ente	Schwamm
13	Suppe	Puppe	Löffel	Lupe
14	Mauer	Bauer	Zaun	Maus
15	Kirsche	Hirsche	Apfel	Kirche
16	Bus	Nuss	Auto	Buch
17	Zahn	Hahn	Zahnbürste	Zaun
18	Hammer	Klammer	Nagel	Hummel
19	Pinsel	Insel	Stift	Pinguin
20	Reiter	Leiter	Pferd	Ritter
21	Kopf	Zopf	Hand	Koch

Die Schatzsuche

Reime finden

Bildmaterial: Reimwörter und Ablenker

↓	↓	↓
1 *Abb.: Anja Boretzki*	 2 *Abb.: Anja Boretzki*	 3 *Abb.: Anja Boretzki*
 1 *Abb.: Anja Boretzki*	 2 *Abb.: Anja Boretzki*	 3 *Abb.: Anja Boretzki*
 1 *Abb.: Anja Boretzki*	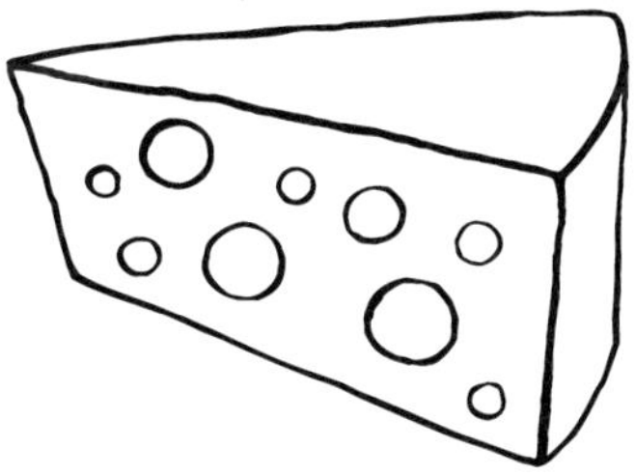 2 *Abb.: Anja Boretzki*	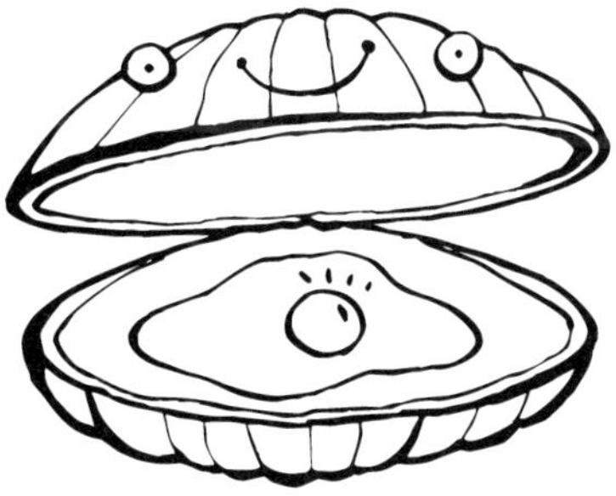 3 *Abb.: Anja Boretzki*
 1 *Abb.: Anja Boretzki*	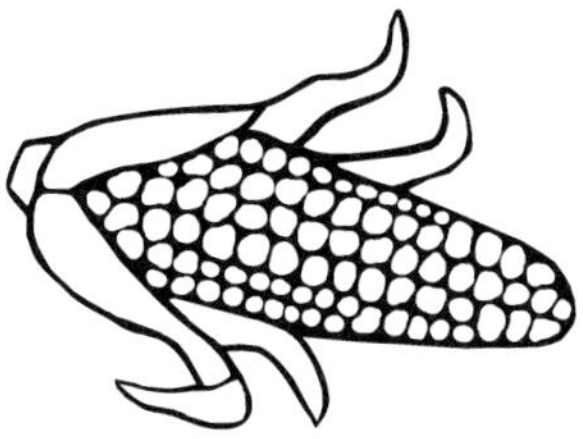 2 *Abb.: Anja Boretzki*	 3 *Abb.: Anja Boretzki*

Die Schatzsuche

Reime finden

Bildmaterial: Reimwörter und Ablenker

4 Abb.: Anja Boretzki	 5 Abb.: Anja Boretzki	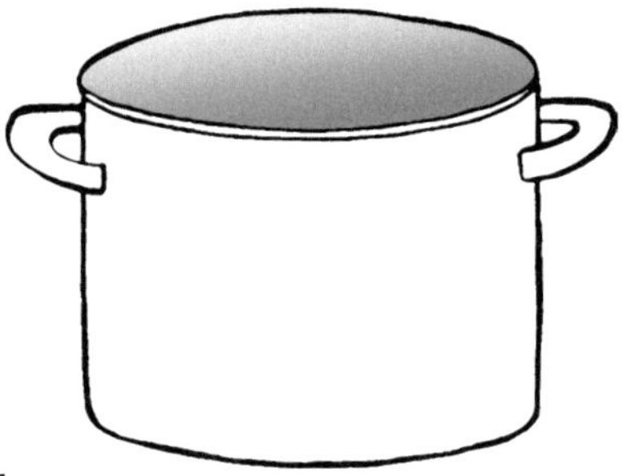 6 Abb.: Anja Boretzki
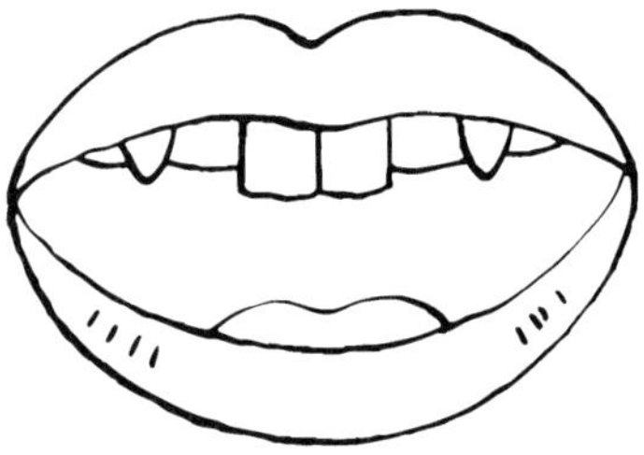 4 Abb.: Anja Boretzki	 5 Abb.: Anja Boretzki	 6 Abb.: Anja Boretzki
 4 Abb.: Anja Boretzki	 5 Abb.: Anja Boretzki	 6 Abb.: Anja Boretzki
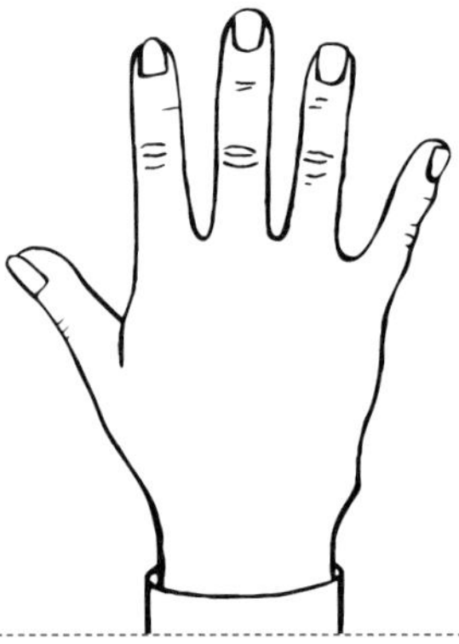 4 Abb.: Anja Boretzki	 5 Abb.: Anja Boretzki	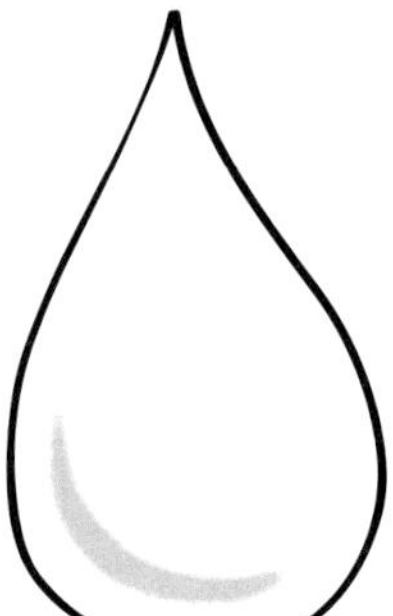 6 Abb.: Dorothee Wolters

Die Schatzsuche

Reime finden

Bildmaterial: Reimwörter und Ablenker

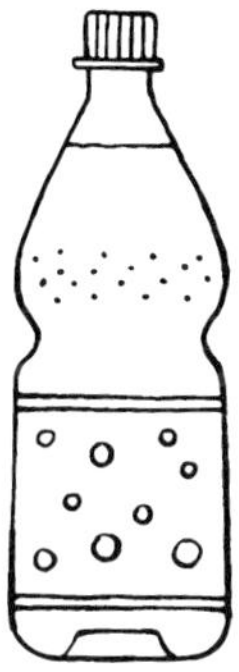

7 Abb.: Anja Boretzki | 8 Abb.: Anja Boretzki | 9 Abb.: Anja Boretzki

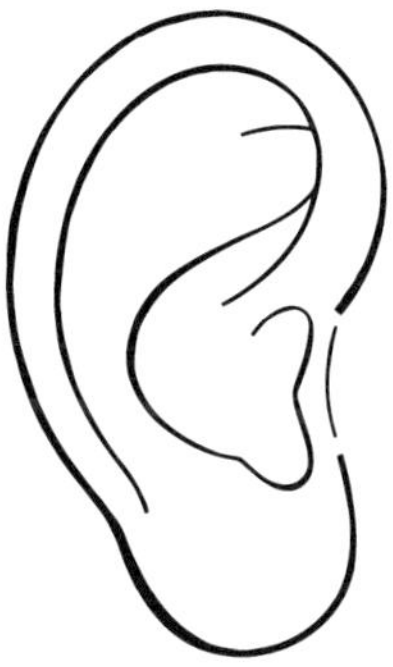

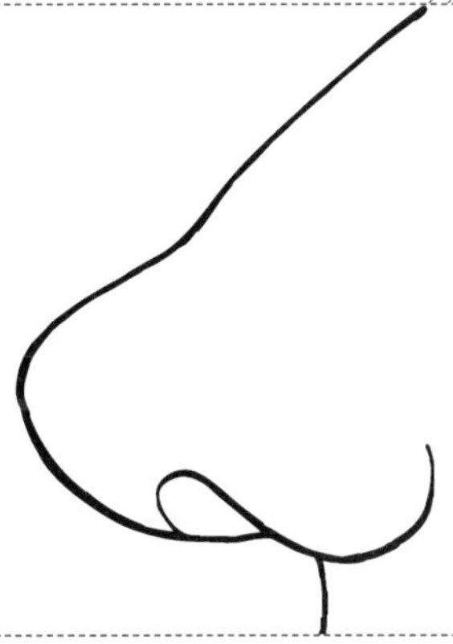

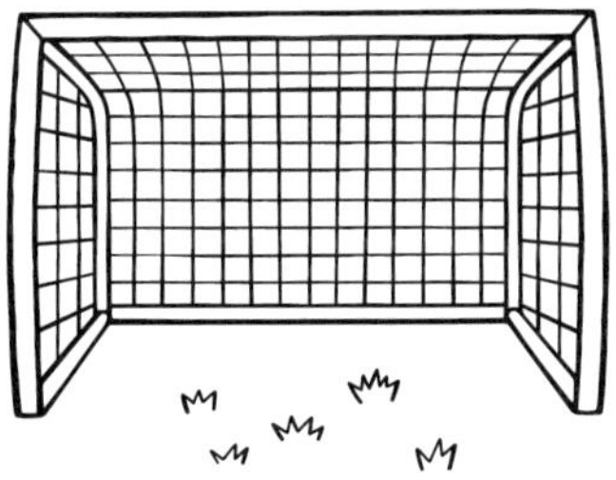

7 Abb.: Anja Boretzki | 8 Abb.: Anja Boretzki | 9 Abb.: Anja Boretzki

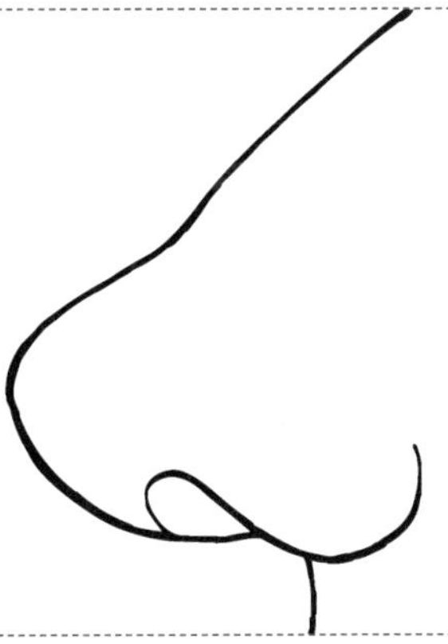

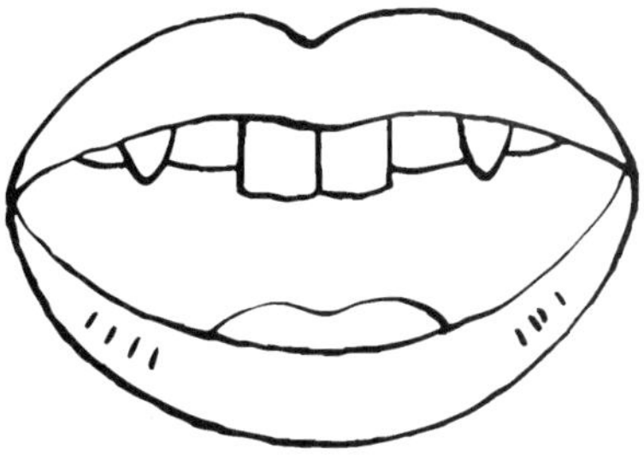

7 Abb.: Anja Boretzki | 8 Abb.: Anja Boretzki | 9 Abb.: Anja Boretzki

7 Abb.: Anja Boretzki | 8 Abb.: Anja Boretzki | 9 Abb.: Anja Boretzki

Die Schatzsuche

Reime finden

Bildmaterial: Reimwörter und Ablenker

10 Abb.: Anja Boretzki	11 Abb.: Anja Boretzki	12 Abb.: Anja Boretzki
 23,99 € 10 Abb.: Anja Boretzki	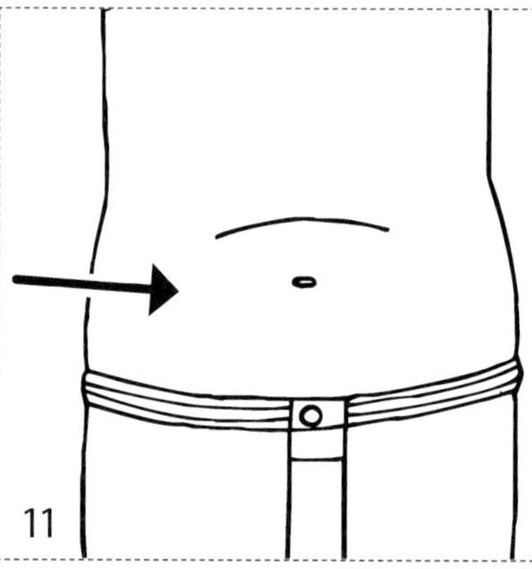 11 Abb.: Anja Boretzki	 12 Abb.: Anja Boretzki
10 Abb.: Anja Boretzki	 11 Abb.: Anja Boretzki	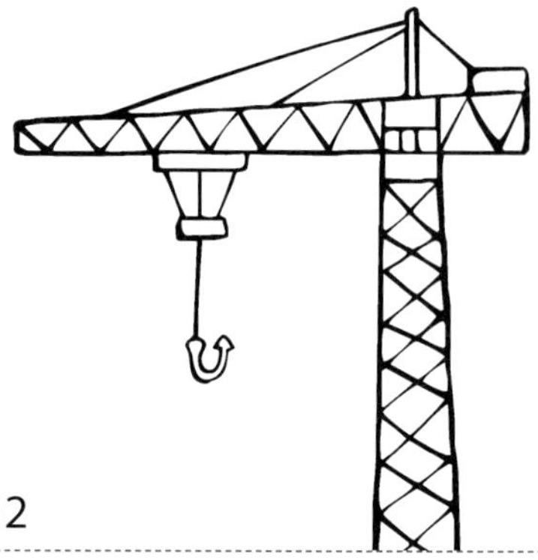 12 Abb.: Anja Boretzki
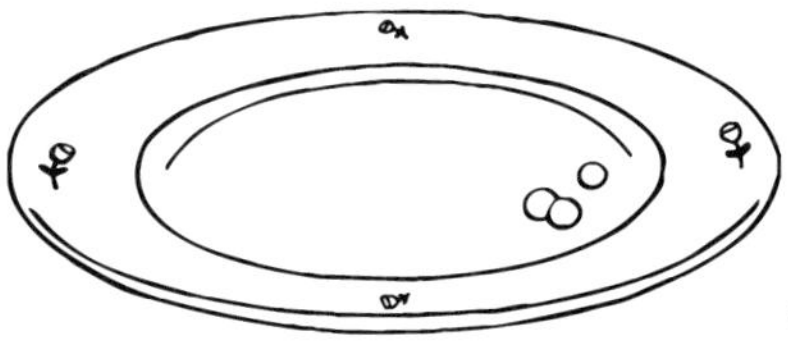 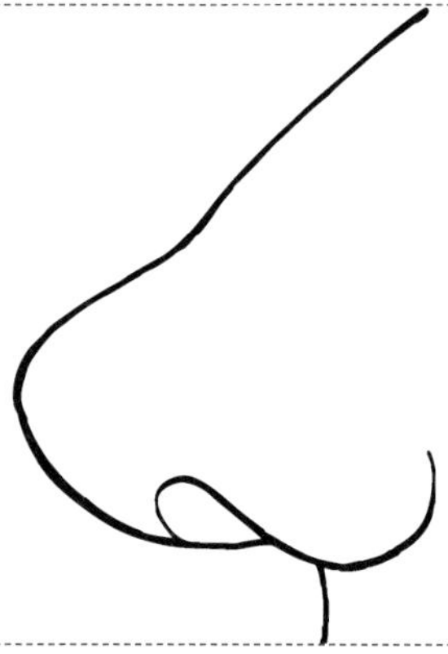 10 Abb.: Anja Boretzki	  11 Abb.: Anja Boretzki	 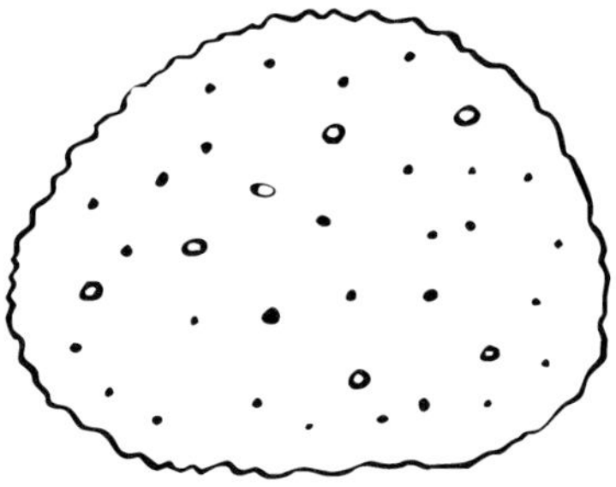 12 Abb.: Anja Boretzki

Die Schatzsuche

Reime finden

Bildmaterial: Reimwörter und Ablenker

13	14	15
13 Abb.: Anja Boretzki	 14 Abb.: Anja Boretzki	 15 Abb.: Anja Boretzki
 13 Abb.: Anja Boretzki	 14 Abb.: Anja Boretzki	 15 Abb.: Dorothee Wolters
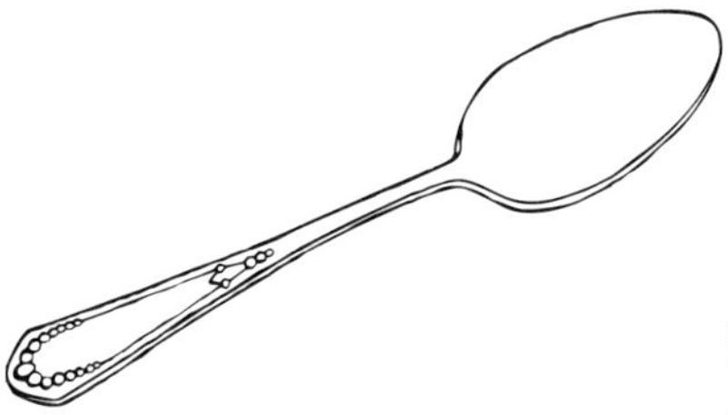 13 Abb.: Anja Boretzki	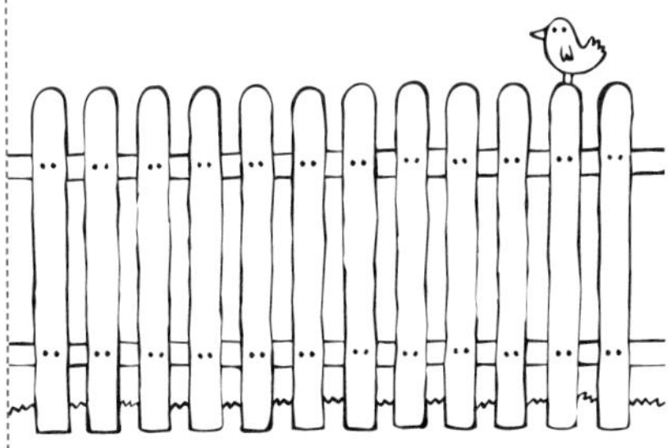 14 Abb.: Anja Boretzki	 15 Abb.: Anja Boretzki
 13 Abb.: Anja Boretzki	 14 Abb.: Anja Boretzki	 15 Abb.: Anja Boretzki

Die Schatzsuche

Reime finden

Bildmaterial: Reimwörter und Ablenker

16 Abb.: Anja Boretzki	17 Abb.: Anja Boretzki	18 Abb.: Anja Boretzki
16 Abb.: Anja Boretzki	17 Abb.: Anja Boretzki	18 Abb.: Anja Boretzki
16 Abb.: Anja Boretzki	17 Abb.: Anja Boretzki	18 Abb.: Anja Boretzki
16 Abb.: Anja Boretzki	17 Abb.: Anja Boretzki	18 Abb.: Anja Boretzki

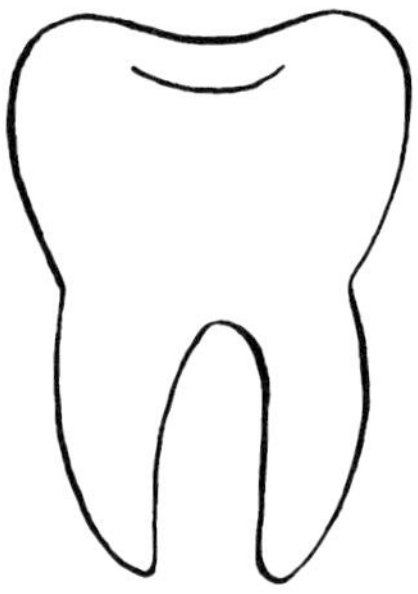

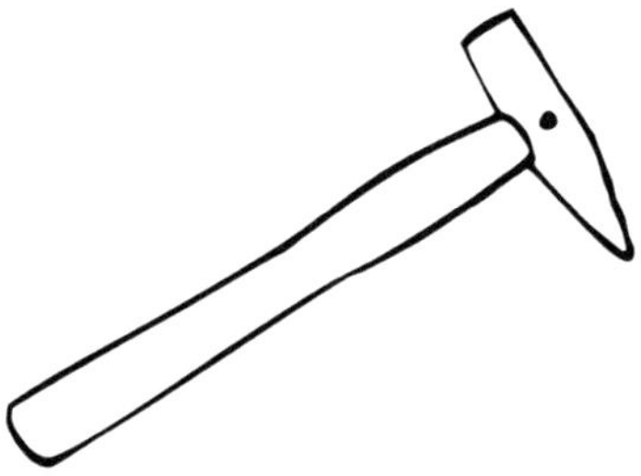

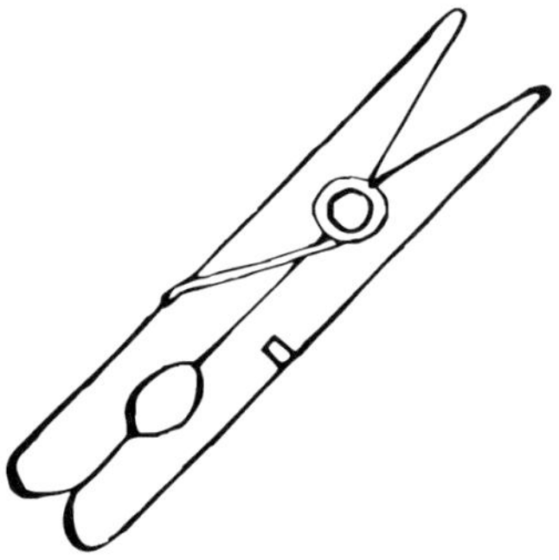

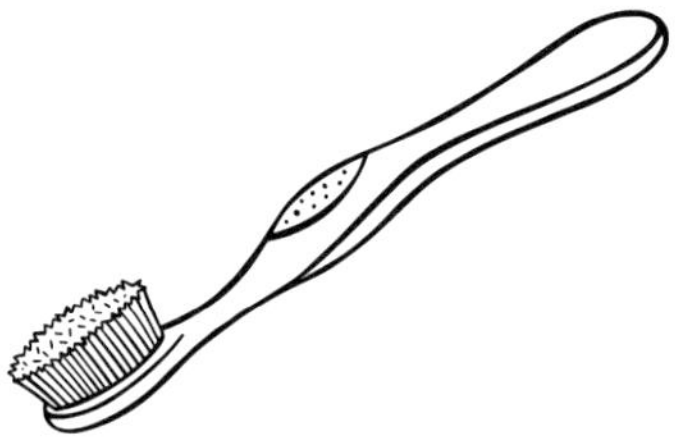

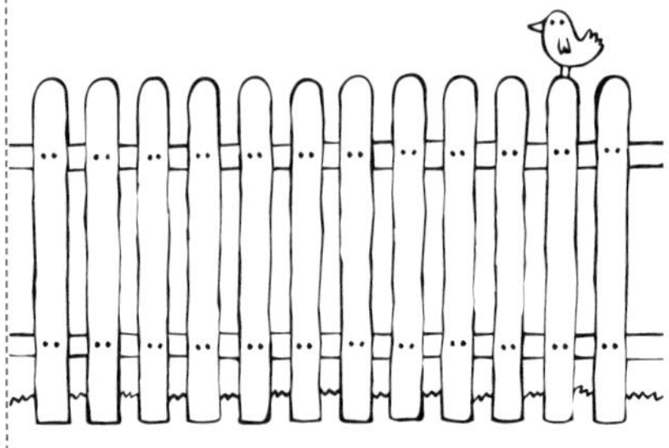

Die Schatzsuche

Reime finden

Bildmaterial: Reimwörter und Ablenker

19 Abb.: Anja Boretzki	 20 Abb.: Anja Boretzki	 21 Abb.: Anja Boretzki
 19 Abb.: Anja Boretzki	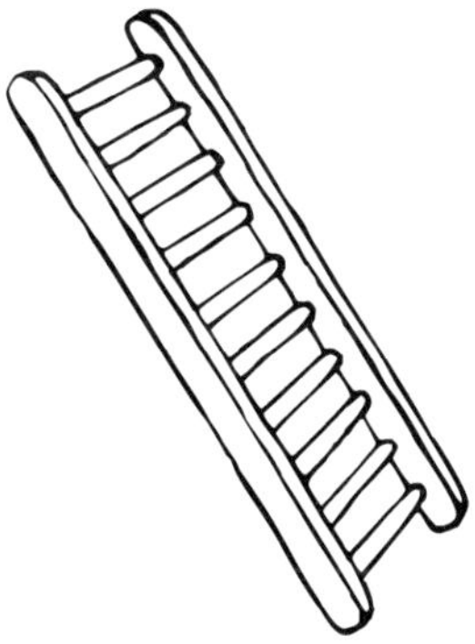 20 Abb.: Anja Boretzki	 21 Abb.: Anja Boretzki
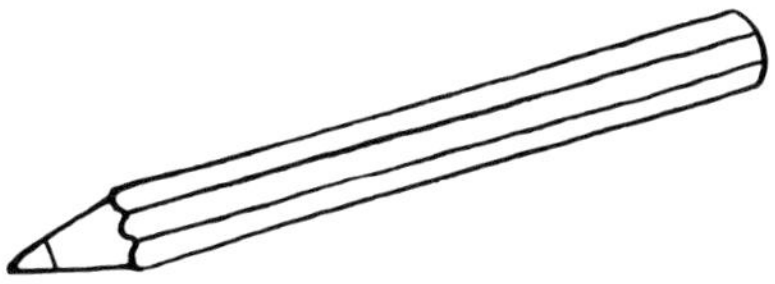 19 Abb.: Anja Boretzki	 20 Abb.: Anja Boretzki	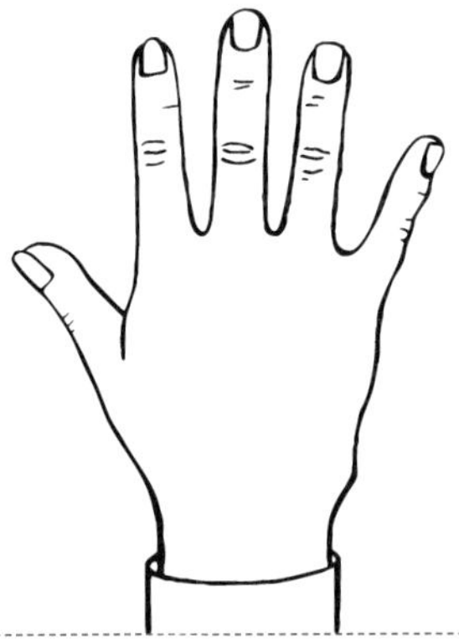 21 Abb.: Anja Boretzki
 19 Abb.: Anja Boretzki	 20 Abb.: Anja Boretzki	 21 Abb.: Anja Boretzki

Eckenreimen

Reime produzieren

Alter ab 5 Jahren

Material Wortmaterial: Reimwörter und mögliche Lösungsvorschläge (S. 25)

Ziel Die Kinder finden zu vorgegebenen Wörtern eigenständig passende Reimwörter.

Vorbereitung

Sie bereiten den Raum so vor, dass alle Ecken zugänglich sind und die Kinder sich frei im Raum bewegen können. Das Prinzip des „Eckenreimens" lehnt sich an die Durchführung des „Eckenrechnens" an. Sie leiten alle Kinder an, sich in einer Ecke zu versammeln, und erklären, dass es in dieser Übung um das Finden von Reimwörtern geht.

So geht's

1. Sie sprechen ein Wort vor.
2. Das Kind, das zuerst ein passendes Reimwort findet, darf eine Ecke weiterlaufen.
3. Pro Runde sprechen Sie ein neues Wort vor.
4. Jedes Kind, das alle Ecken passiert hat, kann die Übung beenden.
   Für alle anderen Kinder wird die Übung fortgesetzt.
5. Das Kind, das zuerst die Zielecke erreicht, hat gewonnen.

Alternative Variante

Die Übungsdurchführung kann abgewandelt werden, indem alle Kinder, die zum genannten Wort ein Reimwort finden, eine Ecke weiterlaufen dürfen. Die gefundenen Reimwörter sollten sich dabei nicht doppeln.

Eckenreimen

Reime produzieren

Wortmaterial: Reimwörter und mögliche Lösungsvorschläge

	mögliche Lösungen
Tasse	Kasse, Masse, Klasse, hasse, nasse, passe ...
Wolle	Knolle, Rolle, Scholle, volle, Trolle, tolle ...
Ratte	Gatte, hatte, Matte, Latte, Platte, Watte …
Hand	Band, Sand, Rand, Pfand, Wand, Land …
Dach	Bach, Fach, flach, wach, Krach …
Maus	Haus, Laus, raus, aus, Braus, Saus …
Bein	Stein, fein, klein, Wein, nein, dein, mein …
Hut	Blut, Glut, gut, tut, Flut, Mut, Wut …
Hund	Mund, bunt, Fund, rund, Grund, wund …
Zahn	Bahn, Hahn, Kran, Plan, Schwan …
Zange	Spange, Schlange, Stange, Wange, lange …
Hase	Blase, Nase, Phase, Vase, rase, Gase …
Bank	Tank, Dank, Schrank, blank, Zank …
Seife	Pfeife, Reife, Schleife, kneife, Streife …
Mauer	Dauer, Lauer, sauer, Bauer …
Wald	Halt, Spalt, alt, bald, kalt, schallt …
Baum	Raum, Schaum, Saum, Traum …
Rasen	Vasen, Nasen, Hasen, Blasen …
Schal	Stahl, Qual, Wal, Saal, Tal, Zahl, mal …
Fliege	Liege, Wiege, Siege, Ziege …
Topf	Kopf, Knopf, Schopf, Zopf, klopf …

Frosch oder Schlange?

Beurteilung der Wortlänge

Alter ab 4 Jahren

Material
- » Wortmaterial: lange und kurze Wörter (S. 27)
- » Symbolkarten: lange und kurze Wörter (S. 28)

Ziel Die Kinder differenzieren, ob es sich bei vorgesprochenen Wörtern, unabhängig von der semantischen Bedeutung, um lange oder kurze Wörter handelt.

Vorbereitung

Sie führen die Bildkarten zur Visualisierung langer und kurzer Wörter ein und legen diese an zwei Stationen aus. Lange Wörter werden durch die Symbolkarte „Schlange" repräsentiert, kurze Wörter durch die Symbolkarte „Frosch". Die Kinder entscheiden in dieser Übung, ob ein vorgesprochenes Wort lang wie eine Schlange oder kurz wie ein Frosch ist.

So geht's

1. Sie nennen pro Runde ein Wort.
2. Die Kinder entscheiden, ob das gesprochene Wort lang oder kurz ist. Dazu positionieren sie sich an der entsprechenden Symbolkarte.

Alternative Variante

Als Variation zur Positionierung an der Symbolkarte können die Kinder beispielsweise Muggelsteine an die entsprechende Symbolkarte verteilen. Alternativ kann jedes Kind die beiden Symbolkarten ausgehändigt bekommen und diejenige hochhalten, für die es sich pro Runde entscheidet.

Frosch oder Schlange?

Beurteilung der Wortlänge

Wortmaterial: lange und kurze Wörter

kurze Wörter (einsilbig)	lange Wörter (mehrsilbig)
Ast, alt, Angst, Arm	Apfelbaum, Autobahn, Ameise
Bild, Blatt, Blick, Bad	Blumentopf, Bilderrahmen, Backofen
Dach, Durst, Du	Dinosaurier, Dachdecker, Daumenkino
Eis, Elch, Ei	Eisenbahn, Elefant, Edelstein
Fisch, Fest, faul	Fingernagel, Feuerwehr, Fabelwesen
Gras, Glück, Gast	Gartenzwerg, Geburtstag, Gummistiefel
Haar, Hals, Herz	Handschuhe, Heißluftballon, Hausaufgaben
ich, im	Insekten, Instrument
jung, Jahr, ja	Jackentasche, Jahreszeit
kalt, Kern, Kuss, Kuh	Kühlschrank, Käsekuchen, Kindergarten
Licht, Luft, Land, leer	Lichterkette, Lastwagen, Luftballon
Mann, Maus, Milch, Mund	Melone, Marmelade, Mülleimer
Nacht, Nest, nie	Namensschild, Notizbuch
oft, Oma, Opa, Obst	Orangensaft, Obstsalat, Osterhase
Post, Platz, Preis	Papagei, Papierkorb, Pusteblume
Rest, Rauch, Rand	Roboter, Regenwurm, Regenbogen
Salz, Stein, Saft	Silvester, Schokolade, Seifenblasen
Tuch, Tag, Ton, Tür, Tor	Tomate, Taschenlampe, Telefonnummer
Uhr, um, und	Uhrzeiger, Unterhose
vor, vier, voll	Vogelhaus, Vanilleeis, Ventilator
Wal, Wind, warm, Wunsch	Waschmaschine, Wasserfall, Weihnachtsmann
Zeit, Zug, Ziel	Zebrastreifen, Zirkuszelt, Zeppelin

Frosch oder Schlange?

Beurteilung der Wortlänge

Symbolkarte: lange Wörter

Abb.: Anja Boretzki

Symbolkarte: kurze Wörter

Abb.: Anja Boretzki

Silbenhüpfen

Silben segmentieren und zählen 1

Alter ab 4 Jahren

Material
- » Bildmaterial: Silben (S. 30–33)
- » Reifen (alternativ Kreide, um Ringe aufzumalen)

Ziel Die Kinder zerlegen ein Wort in seine Silben und bestimmen die Silbenanzahl.

Vorbereitung

Sie bauen eine Reihe aus Reifen (Anzahl Reifen = höchste Silbenanzahl) auf und erklären den Kindern, dass jeder Reifen eine Silbe darstellt.

So geht's

1. Die Kinder stellen sich am Anfang der Reihe auf.
2. Sie geben dem ersten Kind eine Bildkarte und das Kind benennt diese.
3. Das Kind zerlegt das Wort in seine Silben und hüpft, entsprechend der Silbenanzahl, in die Reifen. Anschließend ist das nächste Kind an der Reihe.

Steigerung

Das Anforderungsniveau kann gesteigert werden, indem längere Wörter zum Segmentieren angeboten werden.

Alternative Variante

Alternativ kann die Übung an einer Treppe durchgeführt werden. Dabei dürfen die Kinder die entsprechende Anzahl der Silben die Treppenstufen herauf- oder herunterhüpfen.

Silbenhüpfen

Silben segmentieren und zählen 1

Bildmaterial: Einsilber

Abb.: Anja Boretzki 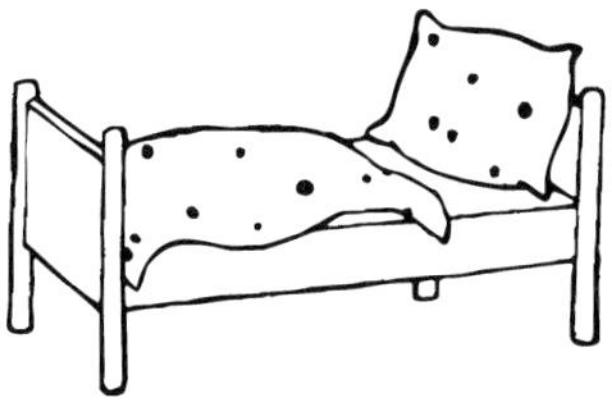 | Abb.: Anja Boretzki  | Abb.: Anja Boretzki

Abb.: Anja Boretzki  | Abb.: Anja Boretzki  | Abb.: Anja Boretzki

Abb.: Anja Boretzki  | Abb.: Anja Boretzki  | Abb.: Anja Boretzki

Abb.: Anja Boretzki  | Abb.: Anja Boretzki  | Abb.: Anja Boretzki

Abb.: Anja Boretzki  | Abb.: Anja Boretzki  | Abb.: Anja Boretzki

Silbenhüpfen

Silben segmentieren und zählen 1

Bildmaterial: Zweisilber

Abb.: Anja Boretzki

Abb.: Anja Boretzki
Abb.: Anja Boretzki 
Abb.: Anja Boretzki 
Abb.: Anja Boretzki 
Abb.: Anja Boretzki 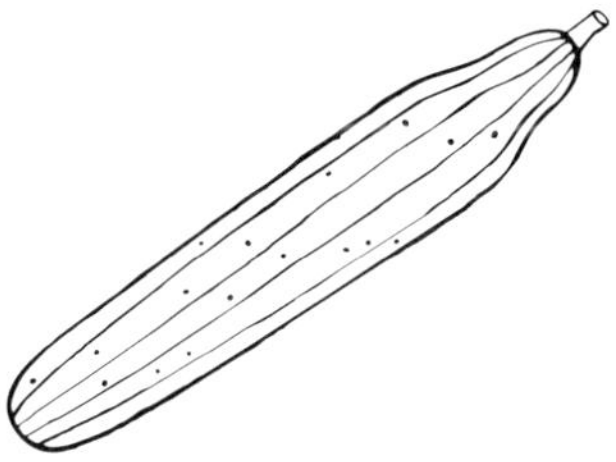
Abb.: Anja Boretzki 
Abb.: Anja Boretzki 
Abb.: Anja Boretzki 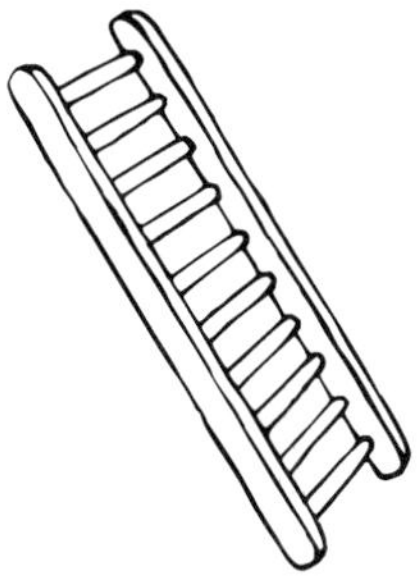
Abb.: Anja Boretzki 
Abb.: Anja Boretzki 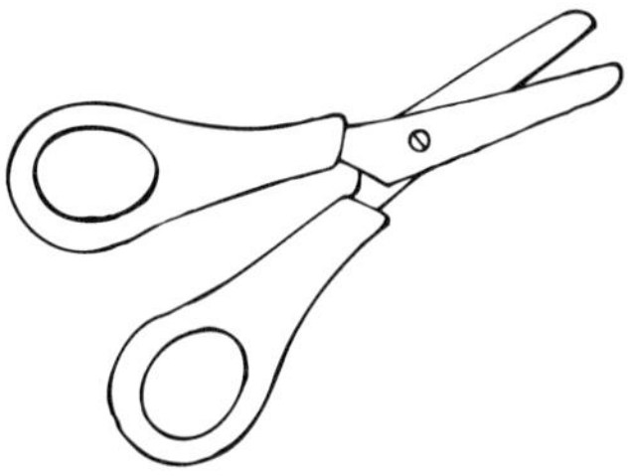
Abb.: Anja Boretzki 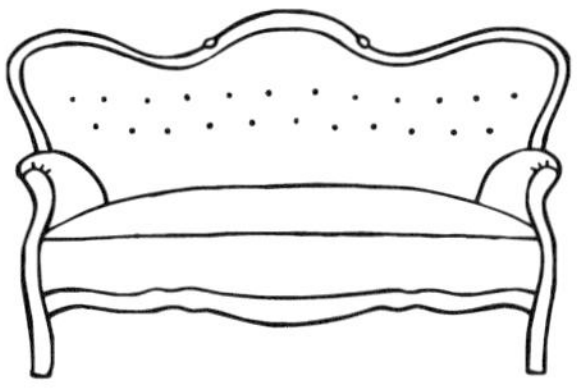
Abb.: Anja Boretzki 
Abb.: Anja Boretzki 
Abb.: Anja Boretzki

Silbenhüpfen

Silben segmentieren und zählen 1

Bildmaterial: Dreisilber

Abb.: Anja Boretzki

Abb.: Anja Boretzki

Abb.: Anja Boretzki

Abb.: Anja Boretzki

Abb.: Anja Boretzki

Abb.: Anja Boretzki

Abb.: Anja Boretzki

Abb.: Anja Boretzki

Abb.: Anja Boretzki

Abb.: Anja Boretzki

Abb.: Anja Boretzki

Abb.: Anja Boretzki

Abb.: Anja Boretzki

Abb.: Anja Boretzki

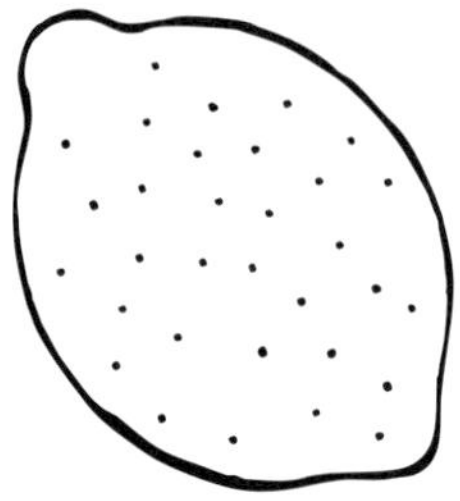

Abb.: Anja Boretzki

Silbenhüpfen

Silben segmentieren und zählen 1

Bildmaterial: Mehrsilber

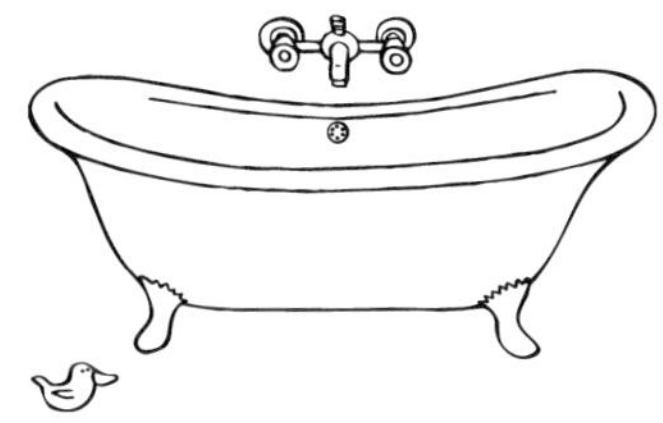

Abb.: Anja Boretzki

Abb.: Anja Boretzki

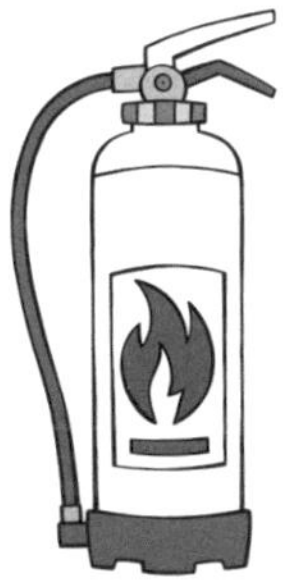

Abb.: Anja Boretzki

Abb.: Dorothee Wolters

Abb.: Anja Boretzki

Abb.: Anja Boretzki

Abb.: Verlag an der Ruhr

Abb.: Anja Boretzki

Abb.: Anja Boretzki

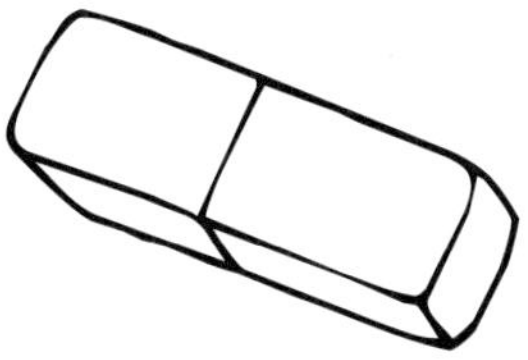

Abb.: Anja Boretzki

Abb.: Anja Boretzki

Abb.: Anja Boretzki

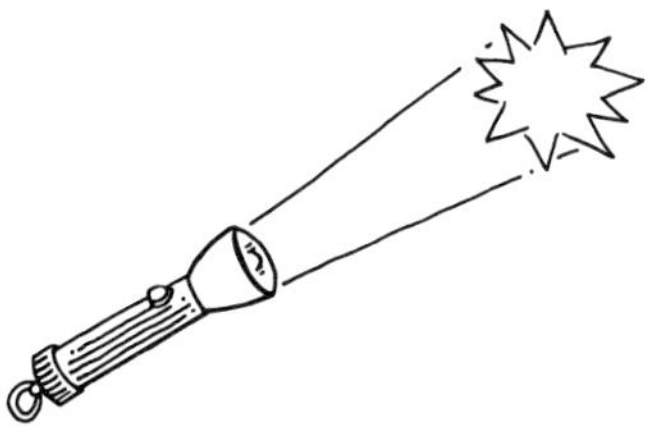

Abb.: Norbert Höveler

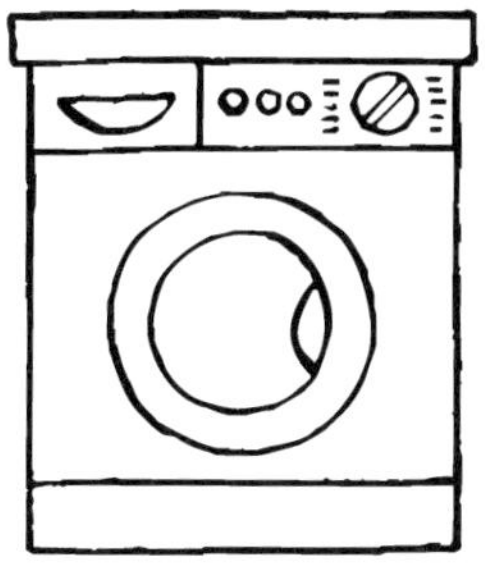

Abb.: Anja Boretzki

Abb.: Anja Boretzki

Silbenrennen

Silben segmentieren und zählen 2

Alter ab 4 Jahren

Material Bildmaterial: Silben (S. 30–33)

Ziel Die Kinder zerlegen ein Wort in seine Silben und bestimmen die Silbenanzahl.

Vorbereitung

Bereiten Sie für die folgende Übung mehrere Stapel in Form von Bildmaterial vor. Für jede Kleingruppe wird ein eigener Stapel angefertigt. Der Stapel sollte dabei für jedes teilnehmende Kind eine Bildkarte enthalten. Damit die Übung als Rennen durchgeführt werden kann, sollte sich das Bildmaterial pro Stapel unterscheiden.

So geht's

1. Teilen Sie die Kinder in Abhängigkeit der Klassengröße in zwei bis vier gleich große Gruppen auf.
2. Pro Gruppe stellen sich die Kinder in einer Reihe hintereinander auf.
3. Vor jeder Reihe wird ein Stapel mit derselben Anzahl an Bildkarten platziert.
4. Die Kinder, welche in jeder Gruppe am Anfang der Reihe stehen, ziehen jeweils eine Karte und zerlegen das Wort in seine Silben.
5. Pro Silbe darf ein Schritt nach vorn gemacht werden.
6. Das Kind, das in einer Runde die meisten Schritte laufen durfte, gewinnt die jeweilige Runde.
7. Wenn alle Kinder einmal an der Reihe waren, endet die Übung.

Eckenlaufen

Silben synthetisieren 1

Alter ab 4 Jahren

Material Wortmaterial: Ein-, Zwei-, Drei- und Mehrsilber (S. 36/37)

Ziel Die Kinder benennen das Wort, welches die Lehrperson in Silben vorspricht.

Vorbereitung

Sie bereiten den Raum so vor, dass alle Ecken zugänglich sind und die Kinder sich frei im Raum bewegen können. Das Prinzip des „Eckenlaufens" lehnt sich an die Durchführung des „Eckenrechnens" an. Sie leiten alle Kinder an, sich in einer Ecke zu versammeln, und erklären, dass in dieser Übung Wörter erkannt werden sollen, welche Sie in Silben vorsprechen.

So geht's

1. Alle Kinder stellen sich zunächst in eine Ecke.
2. Sie sprechen ein Wort in Silben vor.
3. Das Kind, welches das Wort zuerst richtig benennt, darf eine Ecke weiterlaufen. Die restlichen Kinder verbleiben in derselben Ecke.
4. Das Kind, das als erstes die Zielecke erreicht, gewinnt die Runde.

Hinweis

Das Anforderungsniveau variiert je nach Länge und Komplexität der verwendeten Wörter. Kurze Wörter, wie beispielsweise Ein- und Zweisilber, sind für die Kinder einfacher zu synthetisieren als längere (Drei- und Mehrsilber) und komplexere Wörter. Wählen Sie das Wortmaterial, entsprechend den Fähigkeiten der Kinder, aus der jeweiligen Gruppe aus.

Eckenlaufen

Silben synthetisieren 1

Wortmaterial: Einsilber

Arm	Bank	Baum	Bein
Bett	Bild	Buch	Burg
Brot	Bus	Dach	Dieb
Ei	Eis	Fisch	Fleisch
Frosch	Glas	Gras	Haar
Hals	Haus	Herz	Hut
Hund	Kuh	Kopf	Land
Licht	Maus	Milch	Mund
Nest	Ohr	Pilz	Salz
Schaf	Schal	Schrank	Schwein
Stein	Stern	Tisch	Tor
Tür	Uhr	Welt	Wurm

Wortmaterial: Zweisilber

Affe	Ampel	Auge	Auto
Besen	Biene	Blume	Delfin
Dusche	Eimer	Esel	Feder
Flasche	Fußball	Gabel	Gurke
Hase	Hammer	Hupe	Igel
Kerze	Koffer	Lampe	Leiter
Löwe	Lupe	Mutter	Mütze
Nase	Palme	Pinsel	Puppe
Raupe	Regen	Reifen	Rose
Salat	Schaufel	Schere	Schlange
Schleife	Socke	Sofa	Tafel
Tasche	Vogel	Wiese	Wolke

Eckenlaufen

Silben synthetisieren 1

Wortmaterial: Dreisilber

Ananas	Astronaut	Banane	Bilderbuch
Blumenstrauß	Domino	Eichhörnchen	Einwohner
Elefant	Erdbeere	Feuerwehr	Fußgänger
Giraffe	Gitarre	Himbeere	Hufeisen
Kalender	Kamera	Kaninchen	Kartoffel
Krawatte	Krokodil	Laterne	Lastwagen
Mikrofon	Motorrad	Papagei	Paprika
Pinguin	Polizei	Pullover	Radio
Rakete	Regenschirm	Regenwurm	Rennwagen
Salami	Sandale	Sandkasten	Schildkröte
Schmetterling	Telefon	Toilette	Tomate
Trompete	Waschbecken	Weintrauben	Zitrone

Wortmaterial: Mehrsilber

Badeanzug	Badehose	Badewanne	Bananenschale
Bilderrahmen	Blumenvase	Bügeleisen	Dinosaurier
Dosenöffner	Familie	Feuerlöscher	Feuerwehrauto
Fotoapparat	Fußballschuhe	Fußballspieler	Geburtstagstorte
Gummibärchen	Hexenbesen	Kaffeekanne	Kaffeemaschine
Kinderwagen	Krankenwagen	Limonade	Lokomotive
Marmelade	Piratenschiff	Polizeiauto	Pusteblume
Pyramide	Radiergummi	Rasenmäher	Regenbogen
Schokolade	Schornsteinfeger	Seifenblasen	Sommerferien
Sonnenbrille	Sonnenstrahlen	Spielekonsole	Süßigkeiten
Taschenlampe	Taschenrechner	Vogelscheuche	Vogelkäfig
Waschmaschine	Wassermelone	Wellensittich	Zebrastreifen

Der kaputte Roboter

Silben synthetisieren 2

Alter ab 4 Jahren

Material
» Geschichten zum Silbensynthetisieren (S. 39/40)
» Bildmaterial zu den Geschichten (S. 41–44)

Ziel Die Kinder verbinden einzeln vorgesprochene Silben zu einem Wort.

Vorbereitung

Sie erklären den Kindern, dass sie gleich eine Geschichte hören, die ihnen ein Roboter erzählt. Der Roboter hat allerdings Schwierigkeiten und kann einige Wörter nicht richtig aussprechen. Sie erklären ihnen, dass sie gut aufpassen und dem Roboter helfen müssen.

So geht's

1. Sie lesen die Geschichte vor und sprechen die markierten Wörter in Silben.
2. Die Kinder sollen das silbisch gesprochene Wort erkennen und das passende Bild aus der Auswahl zeigen.

Spieltipp

Um einen Wettkampfcharakter herzustellen, kann den Kindern erklärt werden, dass sie Punkte sammeln, indem sie das Wort richtig erkennen und auf die richtige Bildkarte zeigen. Das schnellste Kind erhält die Bildkarte und somit einen Punkt. Das Kind mit den meisten Punkten gewinnt.

Der kaputte Roboter

Silben synthetisieren 2

Geschichten zum Silbensynthetisieren

Frühjahr

Es war ein sonniger Frühlingstag im Wald und alle Tiere waren voller Vorfreude auf die warmen Tage, die vor ihnen lagen. In einem gemütlichen **Baum – haus** lebte eine junge **Eu – le** namens Milo. Sie liebte es, den Wald zu erkunden und neue Abenteuer zu erleben. Doch eines Tages saß sie auf ihrem **Baum – stamm** und bemerkte etwas Seltsames. Die **Blu – men** blühten nicht so bunt wie gewöhnlich und die **Bäu – me** wirkten traurig. Ein Teil des Waldes schien von einer geheimnisvollen Dunkelheit umhüllt zu sein. Neugierig flog sie näher, um zu sehen, was dort vor sich ging. In einer **Höh – le** entdeckte sie eine **He – xe**, die um eine **Feu – er – scha – le** herumtanzte und ihren **Zau – ber – stab** schwang. Es gelang Milo, die Hexe zu besiegen. Die **Blu – men** begannen, zu blühen, und der Frühling erstrahlte wieder in vollem Glanz. Die Tiere des Waldes jubelten vor Freude und dankten Milo für seine Tapferkeit. Von diesem Tag an wurde seine Geschichte im ganzen Wald weitererzählt.

Sommer

Es war endlich Sommer und für Mia und Ben stand der lang ersehnte Urlaub bevor. Gemeinsam mit ihren Eltern machten sie sich auf den Weg zu einem abgelegenen Küstenort, der für seine geheimnisvollen **Leucht – kä – fer** bekannt war. Die Vorfreude der Kinder war riesig. Als sie endlich ankamen, gingen sie als Erstes an den Strand. Sie bauten prächtige **Sand – bur – gen** und suchten nach glitzernden **Mu – scheln**. Doch die wahre Magie würde erst nach Einbruch der Dunkelheit erwachen. Nachdem sie sich in ihrem **Fe – ri – en – haus** eingerichtet hatten, konnten sie es kaum erwarten, die geheime Leuchtkäferbucht zu erkunden. Sie packten ihre **Ta – schen** mit **Ta – schen – lam – pen**, Proviant und einer **Land – kar – te** und machten sich auf den Weg. Als sie endlich den Rand der Bucht erreichten, waren sie sprachlos: Überall flackerten winzige **Leucht – kä – fer** wie funkelnde **Ster – ne** in der Nacht. Die Kinder folgten den Lichtern tiefer in die Bucht hinein, bis sie plötzlich an einer Höhle ankamen. In der Höhle leuchteten Hunderte von Leuchtkäfern um eine verborgene **Schatz – tru – he** herum. Mia und Ben öffneten sie und fanden darin bunte, funkelnde **E – del – stei – ne**. Sie nahmen ein paar der kostbaren Steine als Erinnerung an ihr unglaubliches Abenteuer mit und machten sich auf den Weg zurück zu ihrem kleinen, gemütlichen **Fe – ri – en – haus**.

Der kaputte Roboter

Silben synthetisieren 2

Herbst

In einem beschaulichen Dorf bereiteten sich die Bewohnerinnen und Bewohner auf das jährliche Herbstfest vor. Die Straßen waren geschmückt mit bunten **Blät – tern** und **Kür – bis – sen**, während der Duft von frisch gebackenem **Ap – fel – ku - chen** durch die Luft zog. Inmitten dieser herbstlichen Vorfreude lebte das neugierige **Mäd – chen** Anna. In diesem Jahr spürte sie eine unerklärliche Aufregung. Es war, als ob der Herbst etwas Besonderes für sie bereithielt. Als sie durch den Wald spazierte und die bunten **Blät – ter** aufsammelte, die wie ein **Tep – pich** den Boden bedeckten, hörte sie ein leises Rascheln hinter einem alten Baum. Es waren **Eich – hörn – chen**, **Ha – sen** und **Vö – gel**, die alle eifrig damit beschäftigt waren, Vorräte für den Winter zu sammeln. Doch sie schienen auch etwas anderes zu planen. Anna beobachtete sie neugierig und als die Tiere sie entdeckten, erklärten sie ihr, dass sie sich auf das große Herbstfest vorbereiteten, das sie jedes Jahr im Wald feierten. Sie luden Anna ein, in diesem Jahr mitzufeiern. Gemeinsam sammelten sie **Bee – ren**, **Nüs – se** und **Pil – ze** für das Festmahl und schmückten die Lichtung mit bunten **Blät – tern** und **Blu – men**. Als die Nacht hereinbrach, versammelten sich alle um ein großes **La – ger – feu – er**. Sie sangen Lieder und erzählten Geschichten. Anna blickte nach oben und sah dort plötzlich eine Gruppe von **Glüh – würm – chen**, die sich im Schein des Mondes wiegten. Gemeinsam mit ihren neuen Freunden feierte sie das Herbstfest bis in die frühen Morgenstunden.

Winter

Es war ein kalter Wintertag in der kleinen Stadt und die **Kin – der** freuten sich über den frisch gefallenen Schnee. In einem gemütlichen **Gar – ten** trafen sich die Kinder Anna, Nikos, Amira und Tom. Sie hatten beschlossen, einen **Schnee – mann** zu bauen und ihm den Namen „Frosti" zu geben. Mit **Hand – schu – hen** und **Schau – feln** ausgerüstet, machten sie sich voller Eifer an die Arbeit. Sie formten den **Schnee – mann** aus dem weichen Schnee und verliehen ihm mit **Ka – rot – ten** für die **Na – se**, Kohlestückchen für die **Au – gen** und einem alten Hut für den Kopf ein freundliches Gesicht. Plötzlich geschah etwas Magisches: Ein Schimmer legte sich über Frosti und plötzlich begann er, zu leben. Er sprang vom Boden auf, klopfte den Schnee von seinem **Man – tel** und lächelte die Kinder an. Frosti zwinkerte den Kindern zu und erklärte ihnen, dass die Magie der Freundschaft ihn zum Leben erweckte. Solange sie an ihn glaubten, werde er für immer bei ihnen sein. Gemeinsam verbrachten sie den Rest des Tages damit, mit Frosti Schneeengel zu machen, im Schnee zu spielen und sich gegenseitig mit **Schnee – bäl – len** zu bewerfen.

Der kaputte Roboter

Silben synthetisieren 2

Bildmaterial zu den Geschichten: Frühling

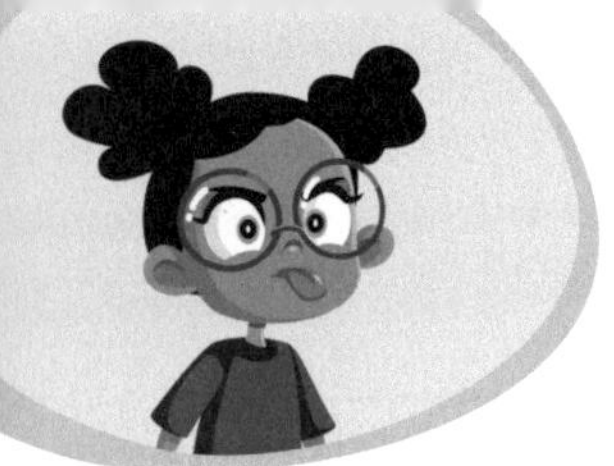

Der kaputte Roboter

Silben synthetisieren 2

Bildmaterial zu den Geschichten: Sommer

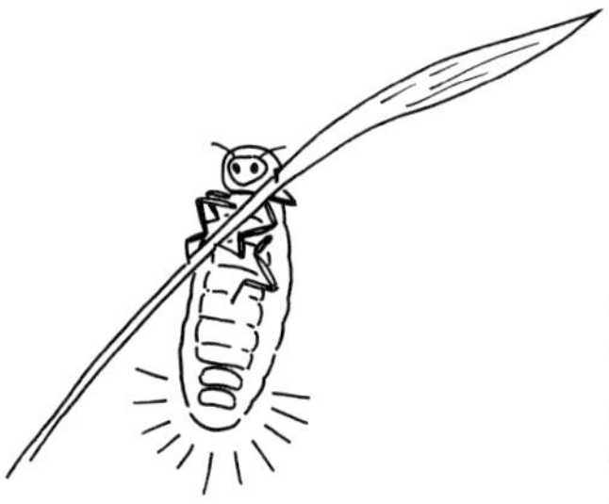

Abb.: Eva Spanjardt

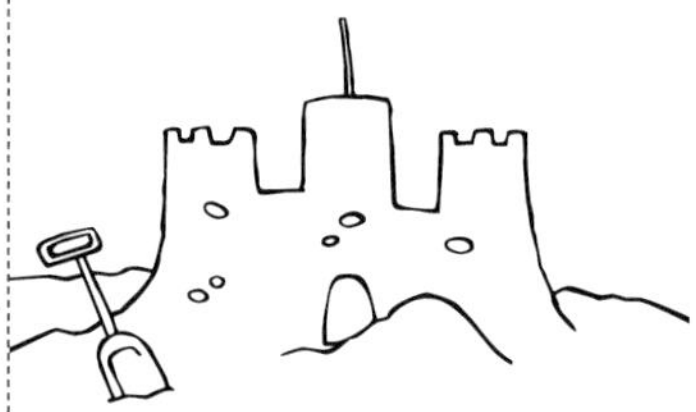

Abb.: Anja Boretzki

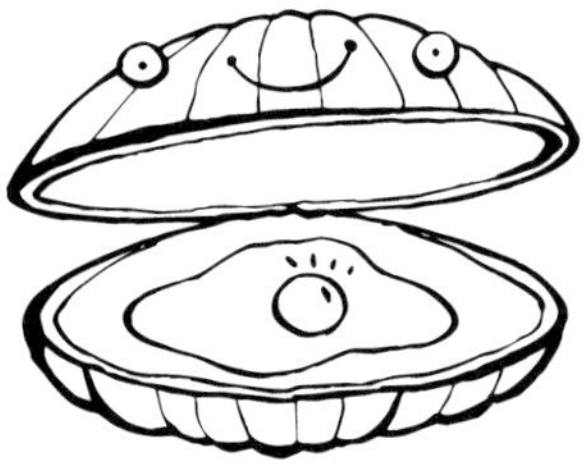

Abb.: Anja Boretzki

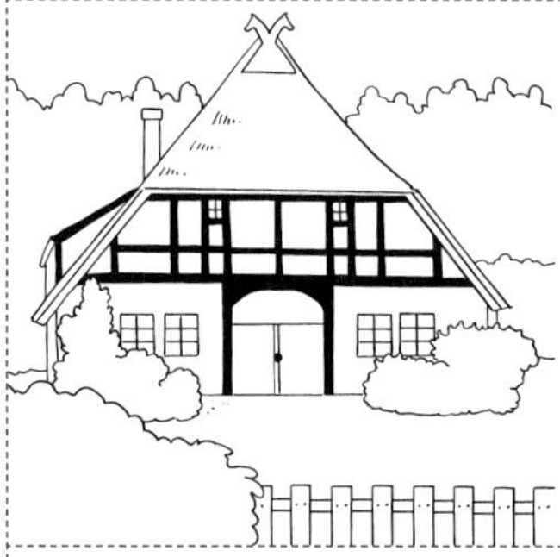

Abb.: Dorothee Wolters

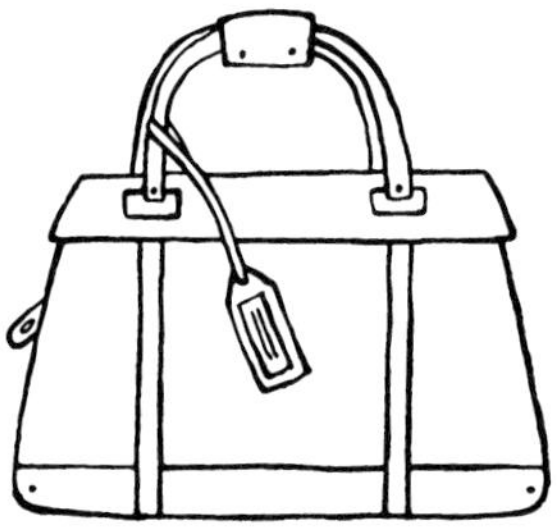

Abb.: Anja Boretzki

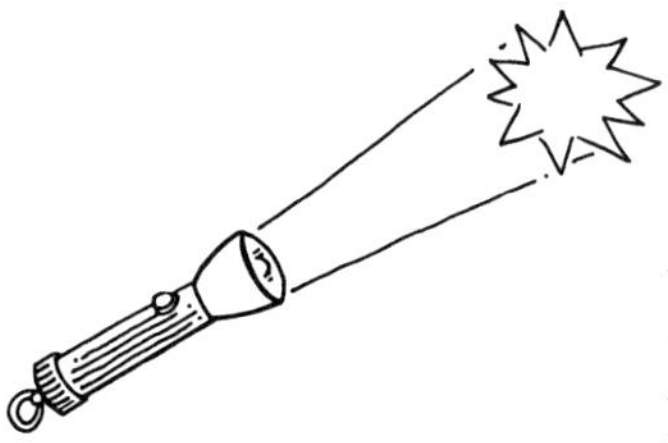

Abb.: Norbert Höveler

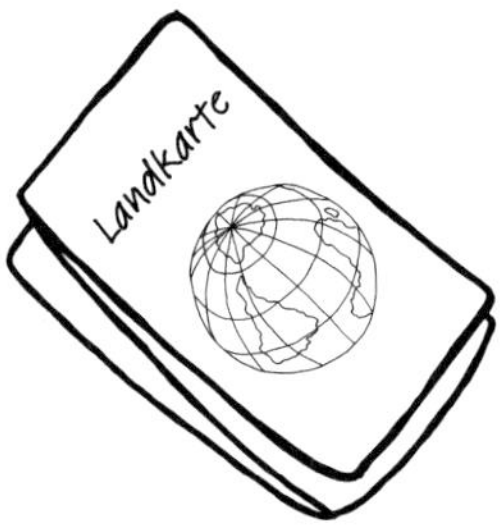

Abb.: Verlag an der Ruhr

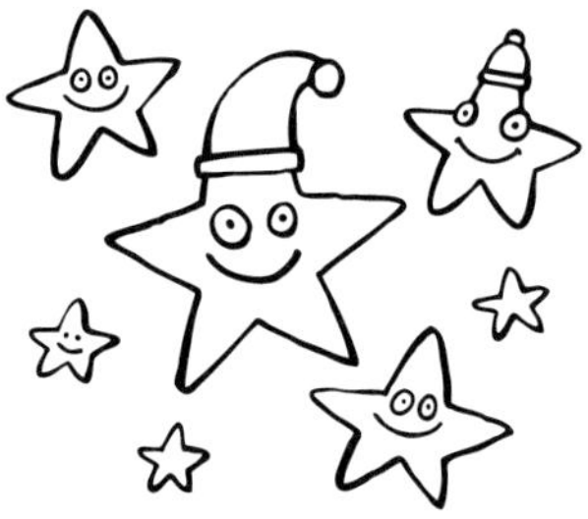

Abb.: Anja Boretzki

Abb.: Bettina Weyland

Abb.: Anja Boretzki

Kind: © Nicoleta Ionescu – Shutterstock.com

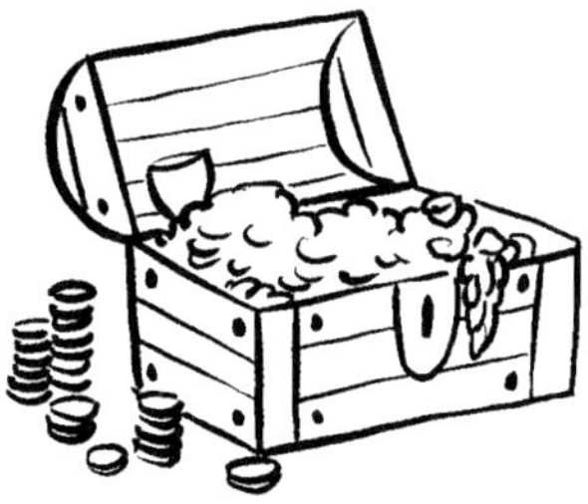

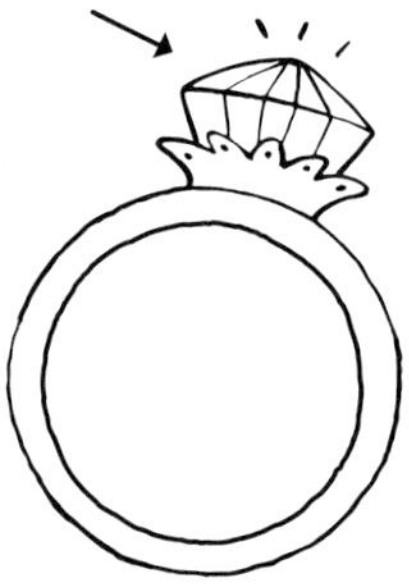

Der kaputte Roboter

Silben synthetisieren 2

Bildmaterial zu den Geschichten: Herbst

Abb.: Anja Boretzki

Abb.: Anja Boretzki

Abb.: Anja Boretzki

Abb.: Anja Boretzki

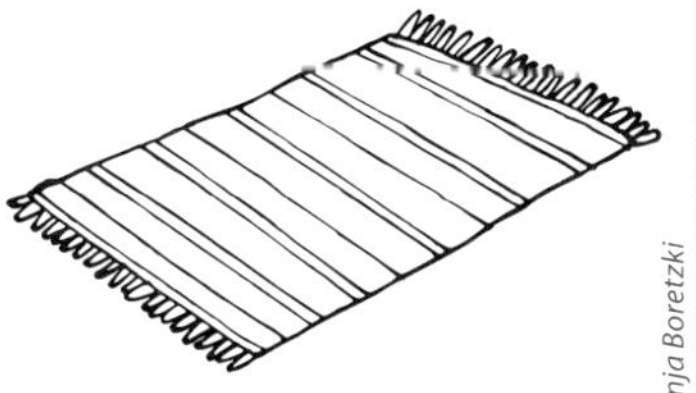

Abb.: Anja Boretzki

Abb.: Anja Boretzki

Abb.: Anja Boretzki

Abb.: Anja Boretzki

Abb.: Anja Boretzki

Abb.: Anja Boretzki

Abb.: Anja Boretzki

Abb.: Anja Boretzki

Abb.: Anja Boretzki

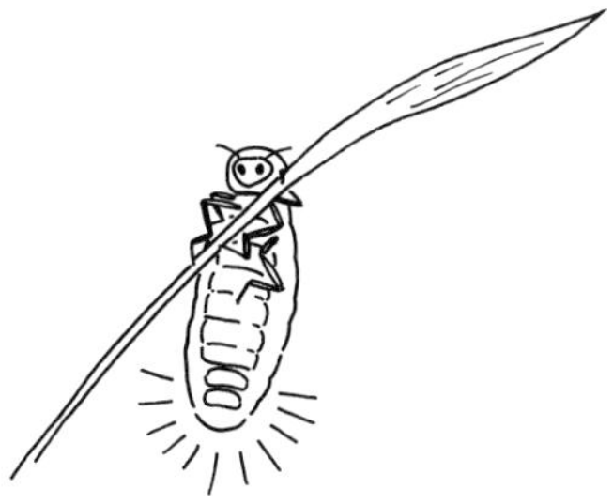

Abb.: Eva Spanjardt

Der kaputte Roboter

Silben synthetisieren 2

Bildmaterial zu den Geschichten: Winter

Abb.: Anja Boretzki

Abb.: Anja Boretzki
Abb.: Anja Boretzki 
Abb.: Anja Boretzki 
Abb.: Anja Boretzki 
Abb.: Anja Boretzki 
Abb.: Anja Boretzki 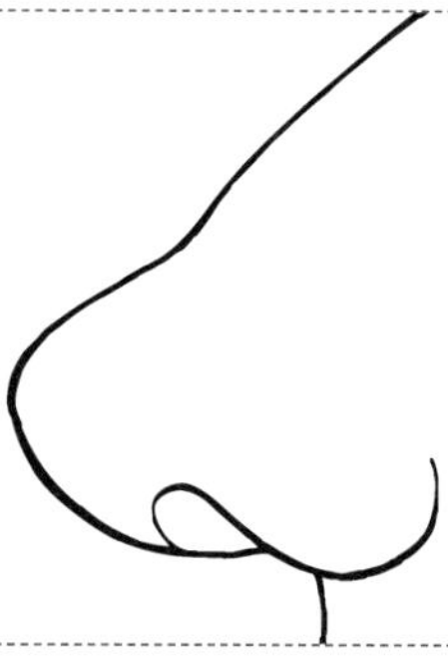
Abb.: Anja Boretzki 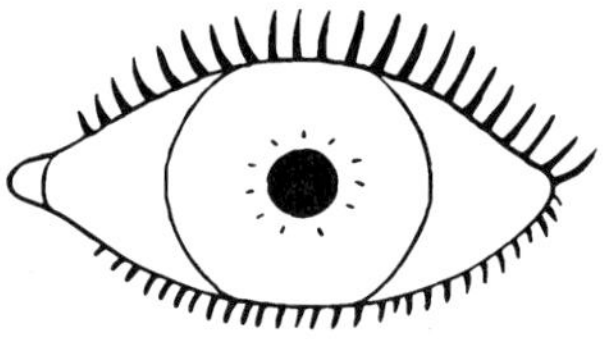
Abb.: Anja Boretzki 
Abb.: Anja Boretzki

Lautdetektiv*in (1)

25/25

Identifikation von vorgegebenen Lauten

Alter ab 5 Jahren

Material
» Bildmaterial: Laute und Ablenker (S. 46–68)
» Bastelvorlage: Lupen (S. 69), alternativ Spielzeuglupen

Ziel Die Kinder beurteilen in einer Auswahl an Wörtern, ob ein vorgegebener Ziellaut enthalten ist.

Vorbereitung

Sie erklären den Kindern, dass sie in diesem Spiel Lautdetektivinnen und -detektive sind und die Aufgabe haben, einen von Ihnen ausgewählten Ziellaut aus Wörtern herauszuhören. Dazu treffen Sie im Vorfeld eine Auswahl an Bildkarten, die diesen Laut enthalten, und Ablenkerkarten, die diesen nicht enthalten. Als Ziellaut könnte sich beispielsweise ein aktuell im Unterricht erarbeiteter Laut oder ein den Kindern bereits bekannter Laut/Buchstabe eignen.

So geht's

1. Sie ziehen eine Bildkarte und sprechen das zugehörige Wort vor der Gruppe laut aus.
2. Alle Kinder überlegen, ob der Ziellaut in diesem Wort vorhanden ist. Wenn ja, dürfen die Kinder ihre Lupen auf dieser Bildkarte platzieren oder halten ihre Lupen gut erkennbar hoch.
3. Es wird aufgelöst, ob der Ziellaut in dem vorgesprochenen Wort zu hören war.
4. Im Anschluss wird eine neue Bildkarte gezogen und vorgesprochen.

Alternative Varianten

» Die Übung kann um eine Steigerung und eine Bewegungskomponente erweitert werden, indem Bildkarten im Raum platziert werden, die den Ziellaut einschließen, und Ablenkerkarten, die diesen nicht enthalten. Die Aufgabe der Kinder ist es, alle Zielwörter zu finden.
» Für eine Steigerung können auch zwei oder drei Ziellaute eingeführt werden, die von den Kindern in den vorgegebenen Wörtern nach demselben Prinzip beurteilt werden.

Lautdetektiv*in (1)

Identifikation von vorgegebenen Lauten

Bildmaterial: Laut A und Ablenker

Abb.: Anja Boretzki	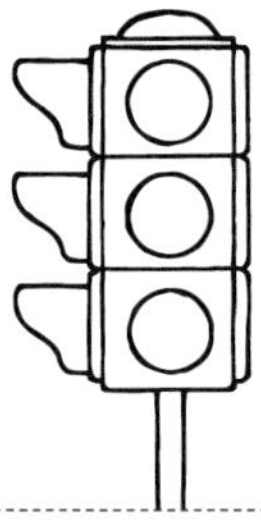 Abb.: Anja Boretzki	 Abb.: Anja Boretzki
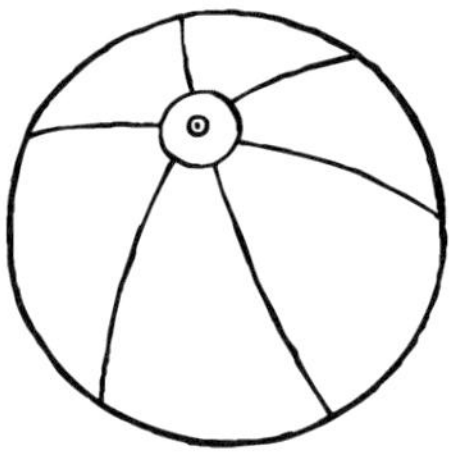 Abb.: Anja Boretzki	 Abb.: Anja Boretzki	 Abb.: Anja Boretzki
 Abb.: Anja Boretzki	 Abb.: Anja Boretzki	 Abb.: Anja Boretzki
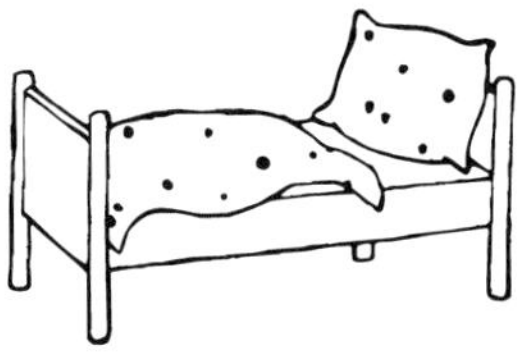 Abb.: Anja Boretzki	 Abb.: Anja Boretzki	 Abb.: Anja Boretzki
 Abb.: Anja Boretzki	 Abb.: Anja Boretzki	 Abb.: Anja Boretzki
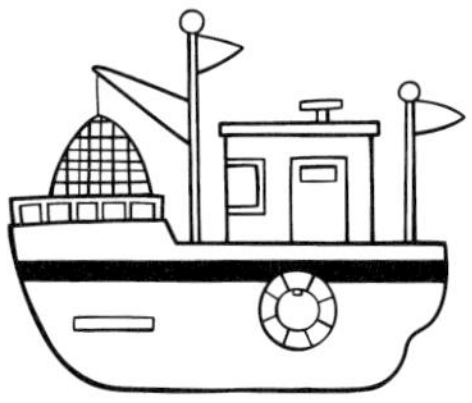 Abb.: Anja Boretzki	 Abb.: Anja Boretzki	 Abb.: Anja Boretzki

Lautdetektiv*in (1)

Identifikation von vorgegebenen Lauten

Bildmaterial: Laut E und Ablenker

Abb.: Anja Boretzki	 Abb.: Anja Boretzki	 Abb.: Anja Boretzki
 Abb.: Anja Boretzki	 Abb.: Anja Boretzki	 Abb.: Anja Boretzki
 Abb.: Anja Boretzki	Abb.: Anja Boretzki	 Abb.: Anja Boretzki
 Abb.: Anja Boretzki	 Abb.: Anja Boretzki	 Abb.: Anja Boretzki
 Abb.: Anja Boretzki	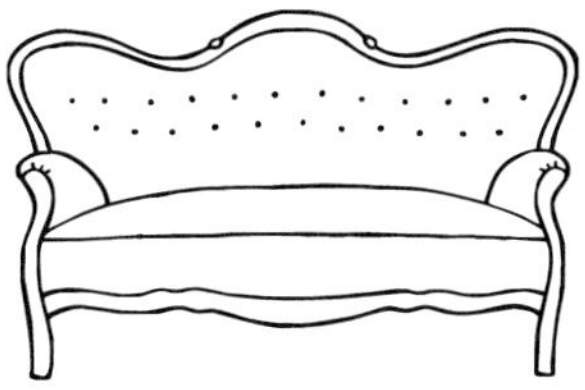 Abb.: Anja Boretzki	 Abb.: Anja Boretzki
 Abb.: Anja Boretzki	 Abb.: Anja Boretzki	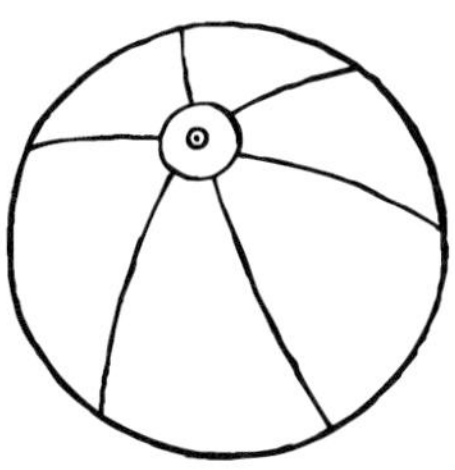 Abb.: Anja Boretzki

Lautdetektiv*in (1)

Identifikation von vorgegebenen Lauten

Bildmaterial: Laut I und Ablenker

Abb.: Anja Boretzki	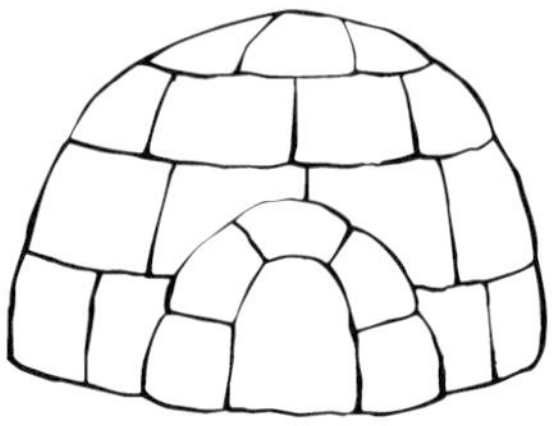 Abb.: Anja Boretzki	 Abb.: Anja Boretzki
 Abb.: Anja Boretzki	 Abb.: Dorothee Wolters	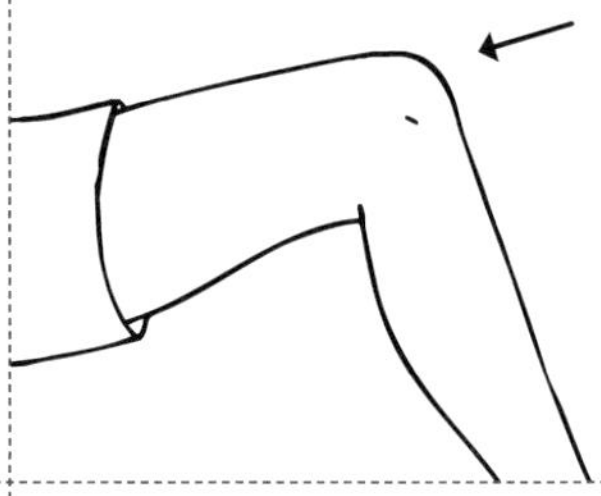 Abb.: Anja Boretzki
 Abb.: Anja Boretzki	Abb.: Anja Boretzki	Abb.: Anja Boretzki
 Abb.: Anja Boretzki	 Abb.: Anja Boretzki	 Abb.: Anja Boretzki
 Abb.: Anja Boretzki	 Abb.: Anja Boretzki	 Abb.: Anja Boretzki
 Abb.: Anja Boretzki	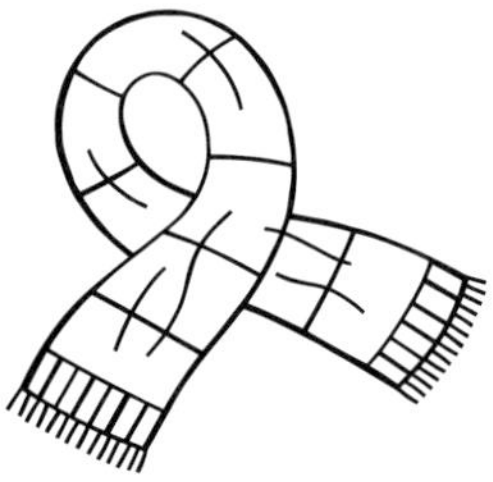 Abb.: Anja Boretzki	 Abb.: Anja Boretzki

Lautdetektiv*in (1)

Identifikation von vorgegebenen Lauten

Bildmaterial: Laut O und Ablenker

Abb.: Anja Boretzki	 Abb.: Anja Boretzki	 Abb.: Anja Boretzki
 Abb.: Anja Boretzki	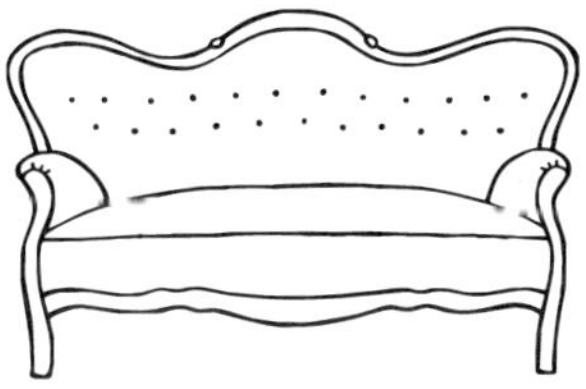 Abb.: Anja Boretzki	 Abb.: Anja Boretzki
 Abb.: Anja Boretzki	 Abb.: Anja Boretzki	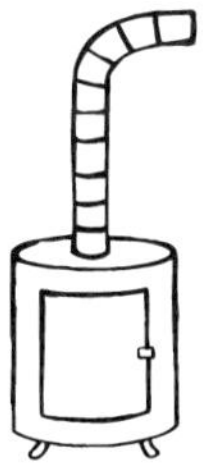 Abb.: Anja Boretzki
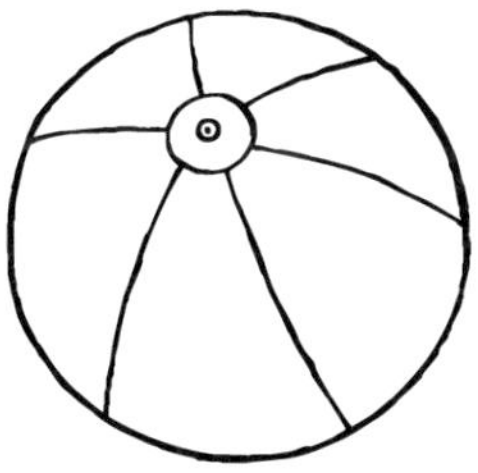 Abb.: Anja Boretzki	 Abb.: Anja Boretzki	 Abb.: Anja Boretzki
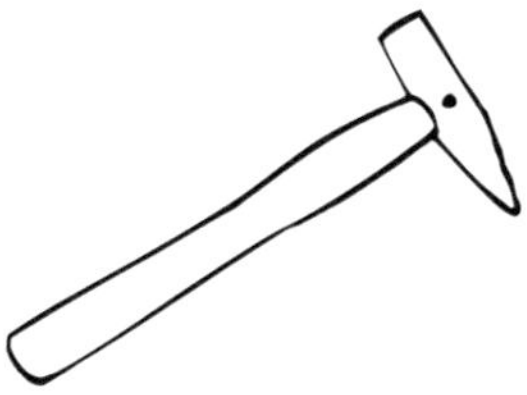 Abb.: Anja Boretzki	 Abb.: Anja Boretzki	 Abb.: Anja Boretzki
 Abb.: Anja Boretzki	 Abb.: Anja Boretzki	 Abb.: Anja Boretzki

Lautdetektiv*in (1)

24/25

Identifikation von vorgegebenen Lauten

Bildmaterial: Laut U und Ablenker

Abb.: Anja Boretzki	 Abb.: Anja Boretzki	 Abb.: Anja Boretzki
 Abb.: Anja Boretzki	 Abb.: Anja Boretzki	 Abb.: Anja Boretzki
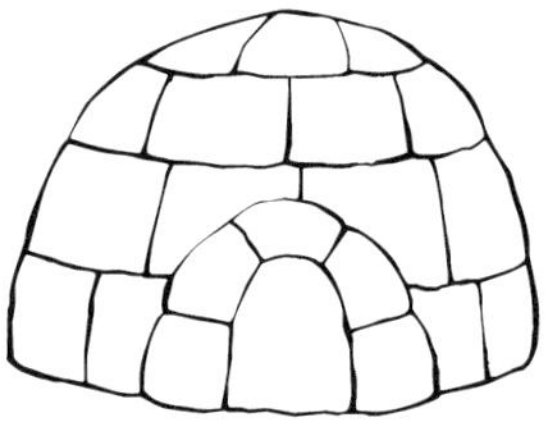 Abb.: Anja Boretzki	 Abb.: Anja Boretzki	 Abb.: Anja Boretzki
 Abb.: Anja Boretzki	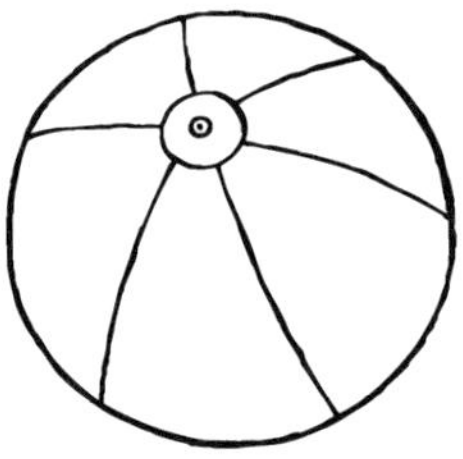 Abb.: Anja Boretzki	 Abb.: Anja Boretzki
 Abb.: Anja Boretzki	 Abb.: Anja Boretzki	 Abb.: Anja Boretzki
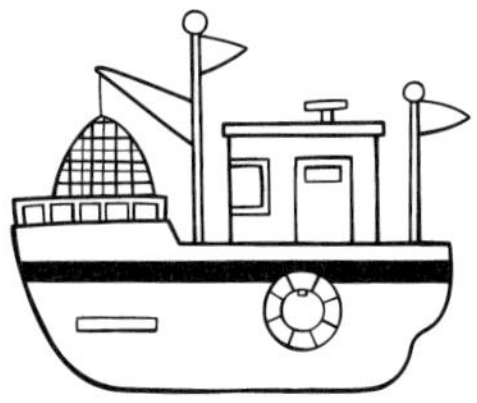 Abb.: Anja Boretzki	 Abb.: Anja Boretzki	 Abb.: Anja Boretzki

Lautdetektiv*in (1)

25/25

Identifikation von vorgegebenen Lauten

Bildmaterial: Laut M und Ablenker

Abb.: Anja Boretzki	Abb.: Anja Boretzki	Abb.: Anja Boretzki
Abb.: Anja Boretzki	Abb.: Anja Boretzki	Abb.: Anja Boretzki
Abb.: Anja Boretzki	Abb.: Anja Boretzki	Abb.: Anja Boretzki
Abb.: Anja Boretzki	Abb.: Anja Boretzki	Abb.: Anja Boretzki
Abb.: Anja Boretzki	Abb.: Anja Boretzki	Abb.: Anja Boretzki
Abb.: Anja Boretzki	Abb.: Anja Boretzki	Abb.: Anja Boretzki

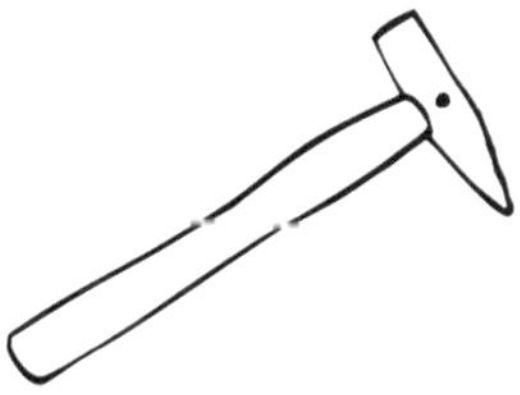

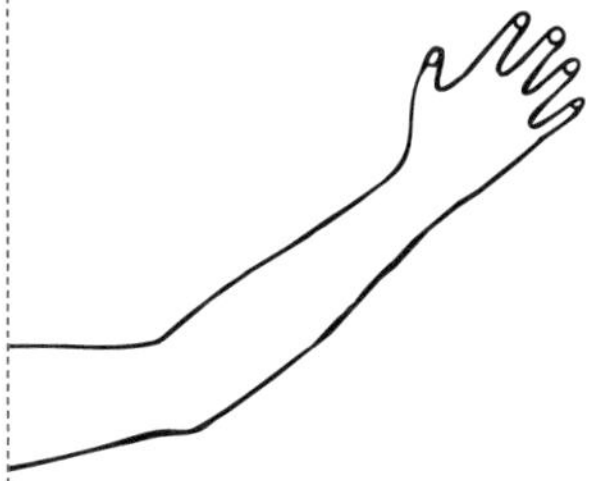

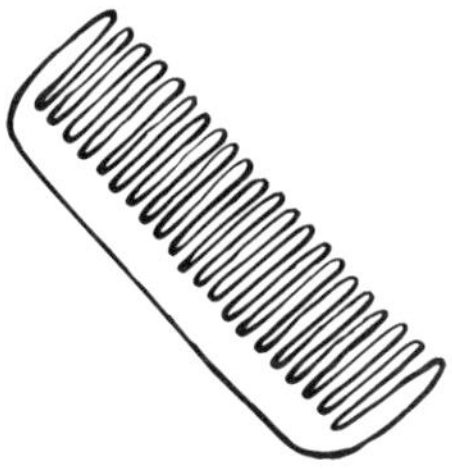

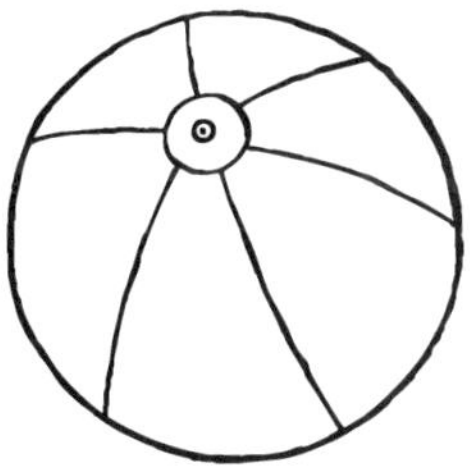

Lautdetektiv*in (1)

Identifikation von vorgegebenen Lauten

Bildmaterial: Laut N und Ablenker

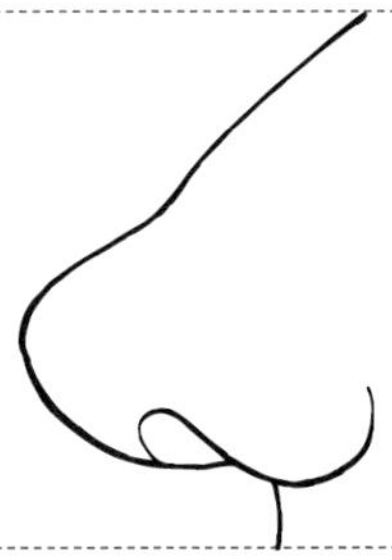

Abb.: Anja Boretzki	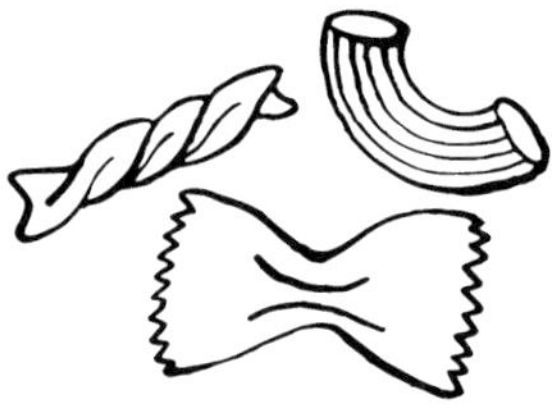 Abb.: Anja Boretzki	 Abb.: Anja Boretzki
 Abb.: Anja Boretzki	 Abb.: Anja Boretzki	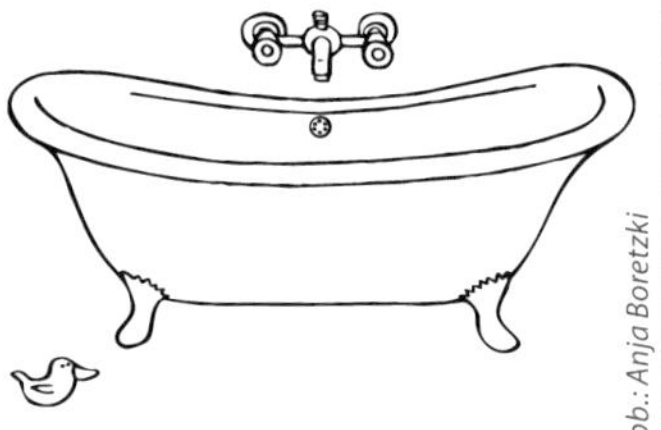 Abb.: Anja Boretzki
 Abb.: Anja Boretzki	 Abb.: Anja Boretzki	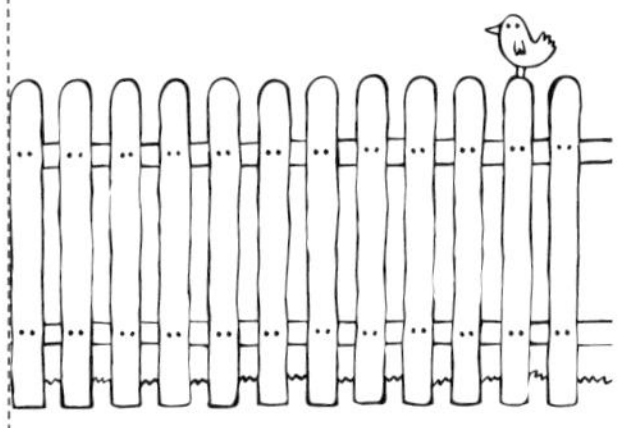 Abb.: Anja Boretzki
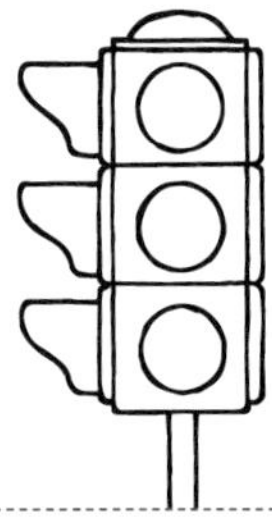 Abb.: Anja Boretzki	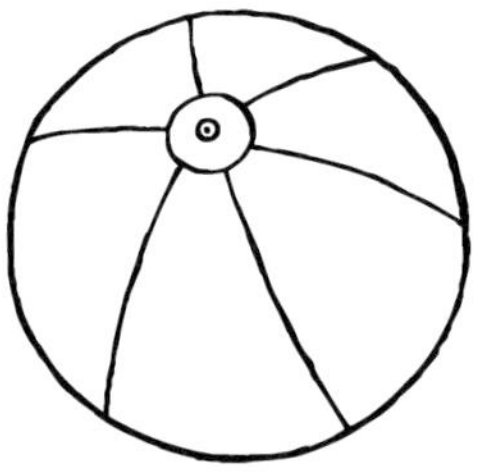 Abb.: Anja Boretzki	 Abb.: Anja Boretzki
 Abb.: Anja Boretzki	 Abb.: Anja Boretzki	 Abb.: Anja Boretzki
 Abb.: Anja Boretzki	 Abb.: Anja Boretzki	Abb.: Anja Boretzki

Lautdetektiv*in (1)

Identifikation von vorgegebenen Lauten

Bildmaterial: Laut P und Ablenker

Abb.: Anja Boretzki	Abb.: Anja Boretzki	Abb.: Anja Boretzki
Abb.: Anja Boretzki	Abb.: Anja Boretzki	Abb.: Anja Boretzki
Abb.: Anja Boretzki	Abb.: Anja Boretzki	Abb.: Anja Boretzki
Abb.: Anja Boretzki	Abb.: Anja Boretzki	Abb.: Anja Boretzki
Abb.: Anja Boretzki	Abb.: Anja Boretzki	Abb.: Anja Boretzki
Abb.: Anja Boretzki	Abb.: Anja Boretzki	Abb.: Anja Boretzki

Lautdetektiv*in (1)

Identifikation von vorgegebenen Lauten

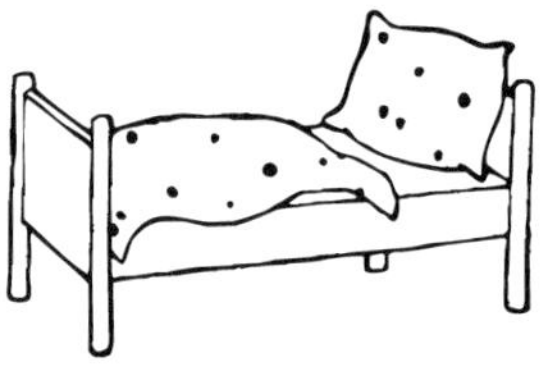

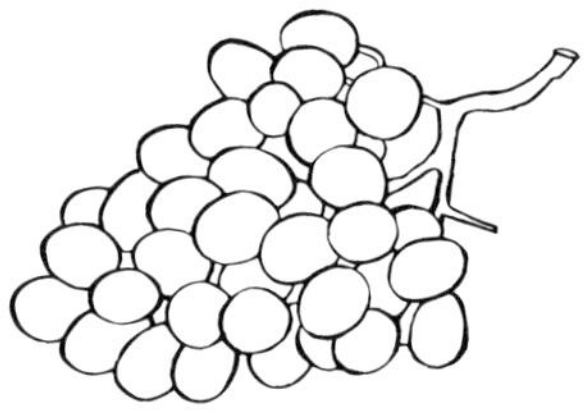

Bildmaterial: Laut B und Ablenker

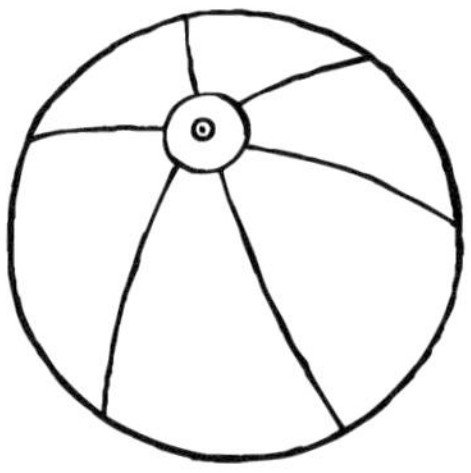

Abb.: Anja Boretzki

Lautdetektiv*in (1)

25/25

Identifikation von vorgegebenen Lauten

Bildmaterial: Laut D und Ablenker

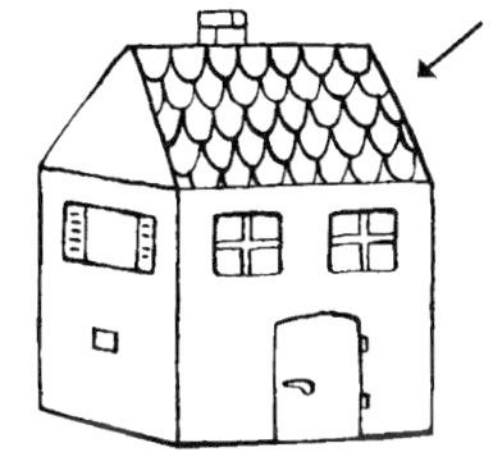

Abb.: Anja Boretzki	 Abb.: Anja Boretzki	 Abb.: Anja Boretzki
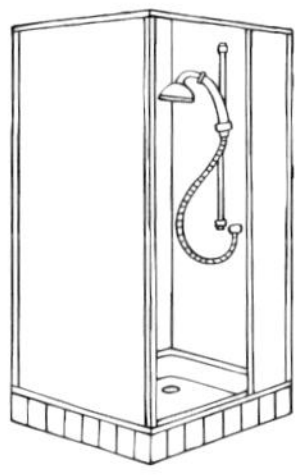 Abb.: Anja Boretzki	 Abb.: Anja Boretzki	 Abb.: Anja Boretzki
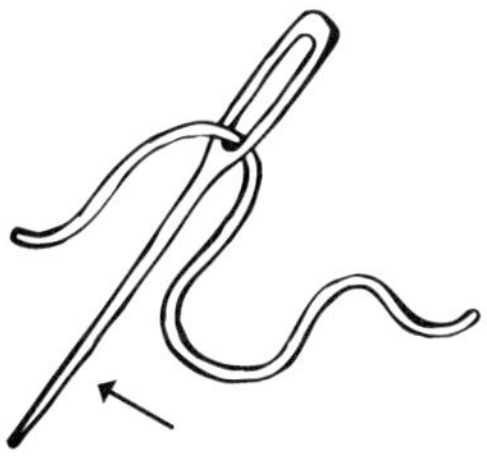 Abb.: Anja Boretzki	 Abb.: Anja Boretzki	Abb.: Anja Boretzki
 Abb.: Anja Boretzki	 Abb.: Anja Boretzki	 Abb.: Anja Boretzki
 Abb.: Anja Boretzki	 Abb.: Anja Boretzki	 Abb.: Anja Boretzki
 Abb.: Anja Boretzki	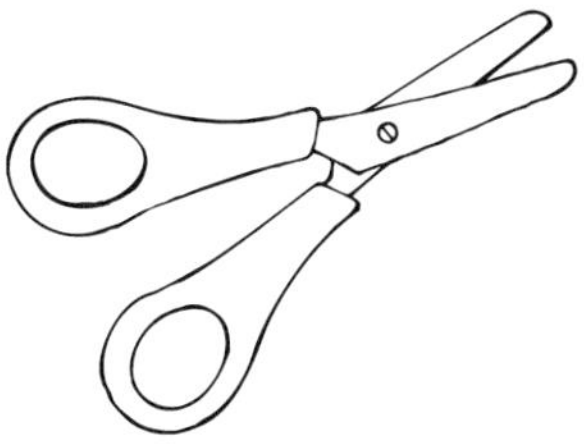 Abb.: Anja Boretzki	 Abb.: Anja Boretzki

Lautdetektiv*in (1)

24/25

Identifikation von vorgegebenen Lauten

Bildmaterial: Laut W und Ablenker

Abb.: Anja Boretzki	Abb.: Anja Boretzki	Abb.: Anja Boretzki
Abb.: Anja Boretzki	Abb.: Anja Boretzki	Abb.: Anja Boretzki
Abb.: Anja Boretzki	Abb.: Anja Boretzki	Abb.: Anja Boretzki
Abb.: Anja Boretzki	Abb.: Anja Boretzki	Abb.: Anja Boretzki
Abb.: Anja Boretzki	Abb.: Anja Boretzki	Abb.: Anja Boretzki
Abb.: Anja Boretzki	Abb.: Anja Boretzki	Abb.: Anja Boretzki

Lautdetektiv*in (1)

Identifikation von vorgegebenen Lauten

Bildmaterial: Laut F und Ablenker

Abb.: Anja Boretzki	 Abb.: Anja Boretzki	 Abb.: Anja Boretzki
 Abb.: Anja Boretzk.	 Abb.: Anja Boretzzi	 Abb.: Anja Boretzki
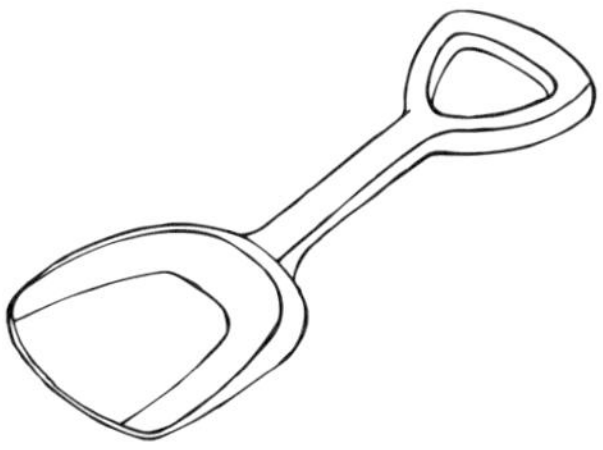 Abb.: Anja Boretzki	 Abb.: Anja Boretzki	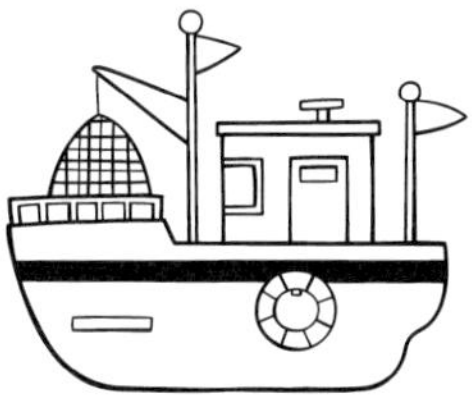 Abb.: Anja Boretzki
 Abb.: Anja Boretzki	 Abb.: Bettina Weyland	 Abb.: Anja Boretzki
 Abb.: Anja Boretzki	Abb.: Anja Boretzki	 Abb.: Anja Boretzki
 Abb.: Anja Boretzki	 Abb.: Anja Boretzki	 Abb.: Anja Boretzki

Kind: © Nicoleta Ionescu – Shutterstock.com

Lautdetektiv*in (1)

Identifikation von vorgegebenen Lauten

Bildmaterial: Laut L und Ablenker

Abb.: Anja Boretzki	Abb.: Anja Boretzki	Abb.: Anja Boretzki
Abb.: Anja Boretzki	Abb.: Anja Boretzki	Abb.: Anja Boretzki
Abb.: Anja Boretzki	Abb.: Anja Boretzki	Abb.: Anja Boretzki
Abb.: Anja Boretzki	Abb.: Anja Boretzki	Abb.: Bettina Weyland
Abb.: Anja Boretzki	Abb.: Anja Boretzki	Abb.: Anja Boretzki
Abb.: Anja Boretzki	Abb.: Anja Boretzki	Abb.: Anja Boretzki

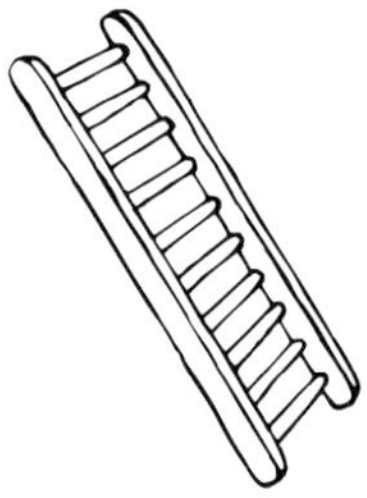

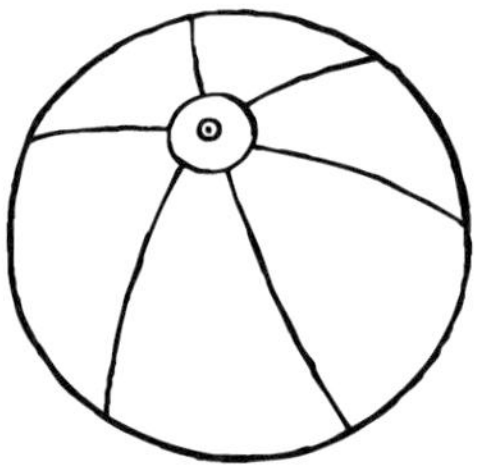

Kind: © Nicoleta Ionescu – Shutterstock.com

Lautdetektiv*in (1)

Identifikation von vorgegebenen Lauten

Bildmaterial: Laut T und Ablenker

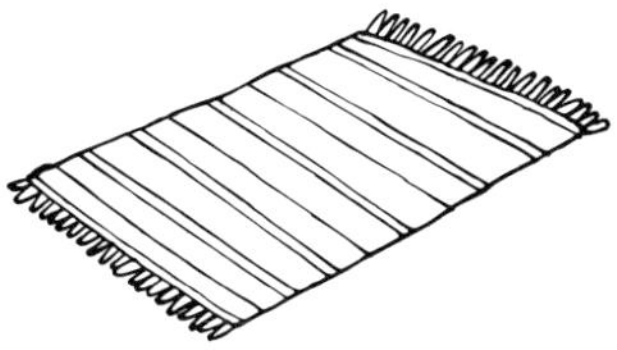

Abb.: Anja Boretzki	 Abb.: Anja Boretzki	 Abb.: Anja Boretzki
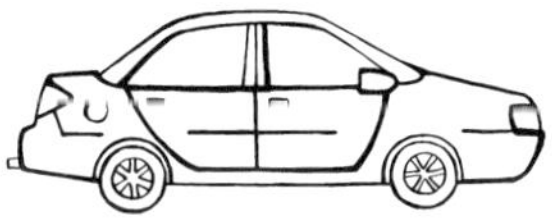 Abb.: Anja Boretzki	 Abb.: Anja Boretzki	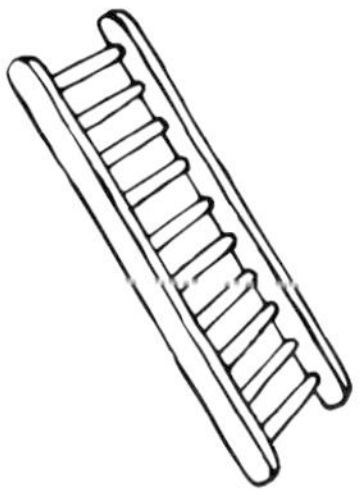 Abb.: Anja Boretzki
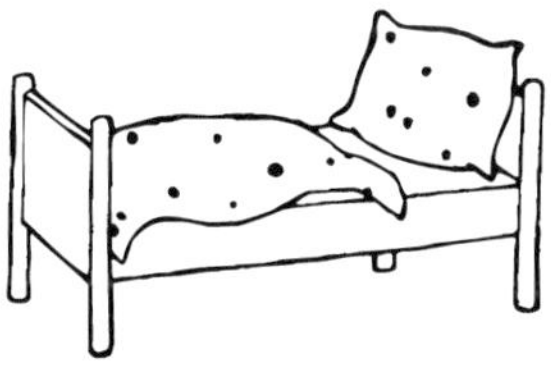 Abb.: Anja Boretzki	 Abb.: Anja Boretzki	 Abb.: Anja Boretzki
 Abb.: Anja Boretzki	 Abb.: Anja Boretzki	 Abb.: Anja Boretzki
 Abb.: Anja Boretzki	 Abb.: Anja Boretzki	 Abb.: Anja Boretzki
 Abb.: Anja Boretzki	 Abb.: Anja Boretzki	Abb.: Anja Boretzki

Lautdetektiv*in (1)

Identifikation von vorgegebenen Lauten

Bildmaterial: Laut CH2 und Ablenker

Abb.: Anja Boretzki	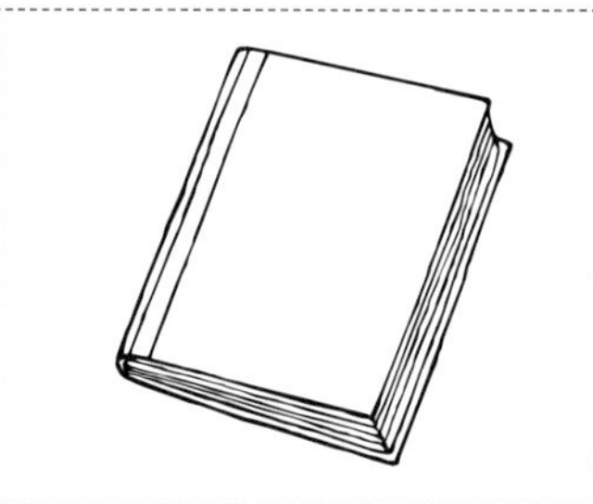 Abb.: Anja Boretzki	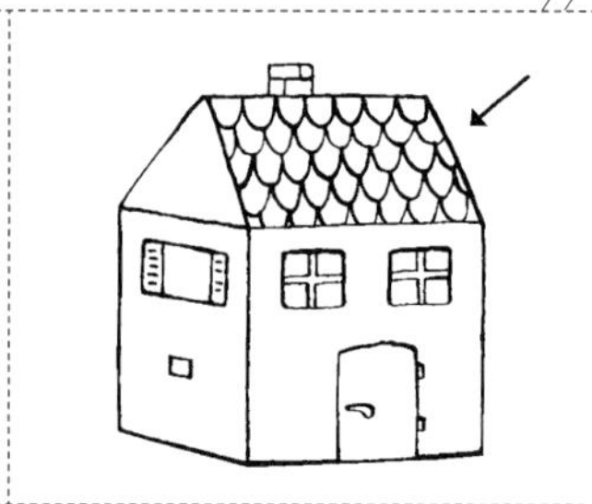 Abb.: Anja Boretzki
 Abb.: Anja Boretzki	 Abb.: Verlag an der Ruhr	 Abb.: Bettina Weyland
 Abb.: Anja Boretzki	 Abb.: Anja Boretzki	 Abb.: Anja Boretzki
 Abb.: Anja Boretzki	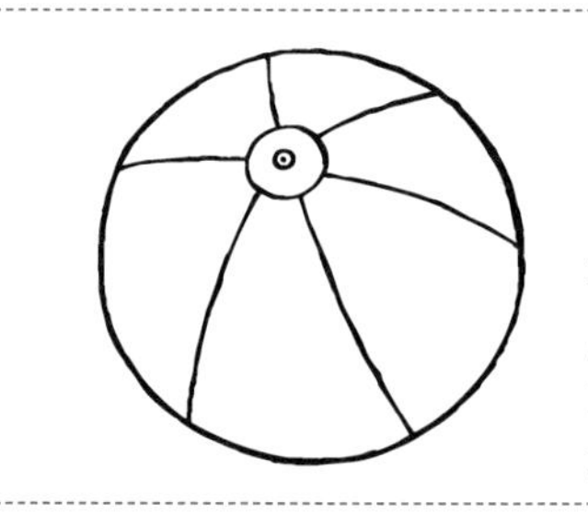 Abb.: Anja Boretzki	 Abb.: Anja Boretzki
 Abb.: Anja Boretzki	Abb.: Anja Boretzki	 Abb.: Anja Boretzki
Abb.: Anja Boretzki	 Abb.: Anja Boretzki	 Abb.: Anja Boretzki

Lautdetektiv*in (1)

Identifikation von vorgegebenen Lauten

Bildmaterial: Laut H und Ablenker

Abb.: Anja Boretzki	Abb.: Anja Boretzki	Abb.: Anja Boretzki
Abb.: Anja Boretzki	Abb.: Anja Boretzki	Abb.: Anja Boretzki
Abb.: Anja Boretzki	Abb.: Anja Boretzki	Abb.: Anja Boretzki
Abb.: Anja Boretzki	Abb.: Anja Boretzki	Abb.: Anja Boretzki
Abb.: Anja Boretzki	Abb.: Anja Boretzki	Abb.: Anja Boretzki
Abb.: Anja Boretzki	Abb.: Anja Boretzki	Abb.: Anja Boretzki

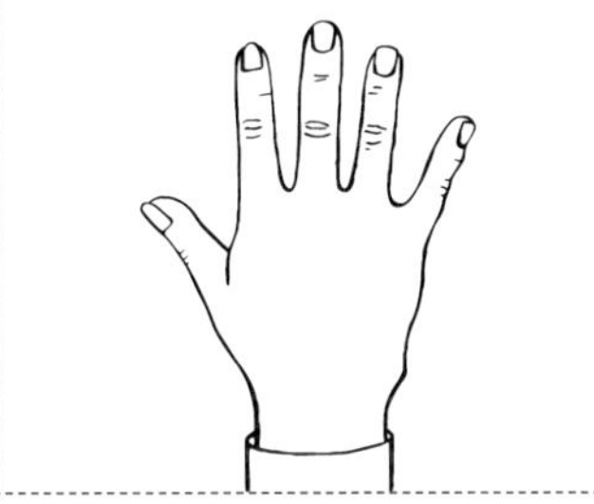

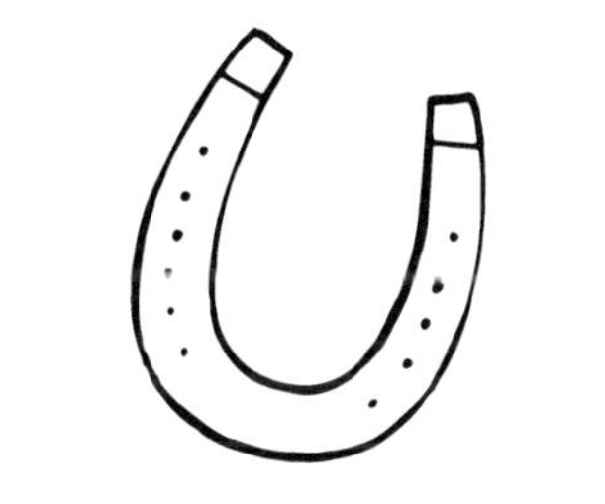

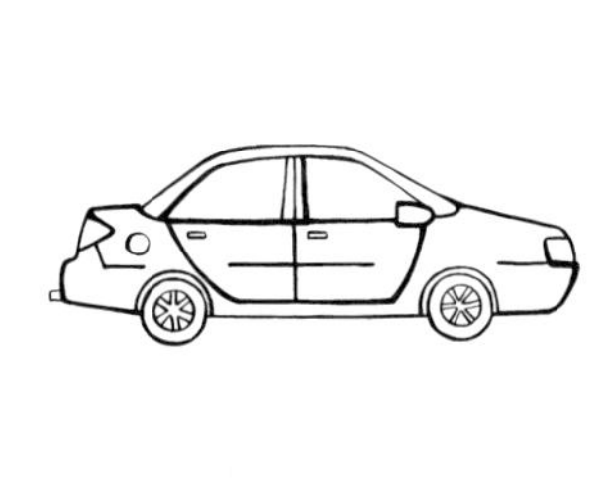

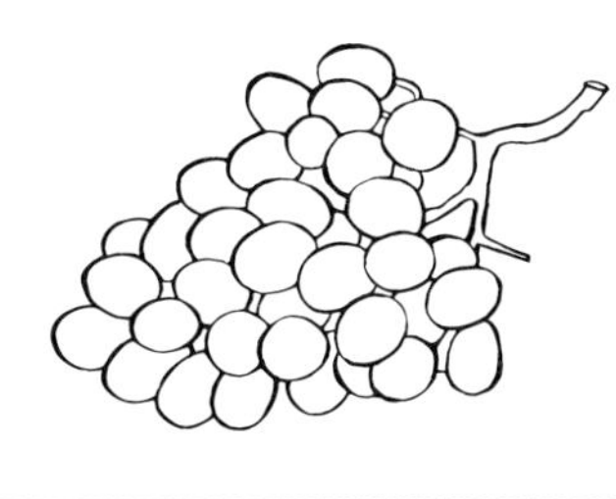

Lautdetektiv*in (1)

Identifikation von vorgegebenen Lauten

Bildmaterial: Laut K und Ablenker

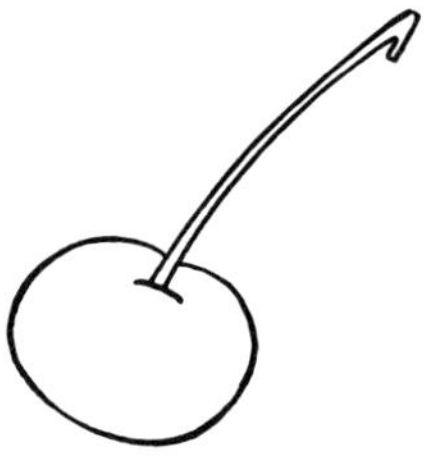

Abb.: Anja Boretzki	Abb.: Anja Boretzki	 Abb.: Anja Boretzki
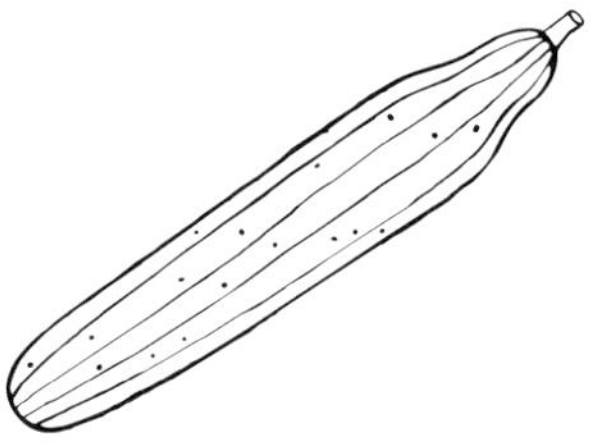 Abb.: Anja Boretzki	 Abb.: Anja Boretzki	 Abb.: Anja Boretzki
 Abb.: Anja Boretzki	 Abb.: Anja Boretzki	 Abb.: Anja Boretzki
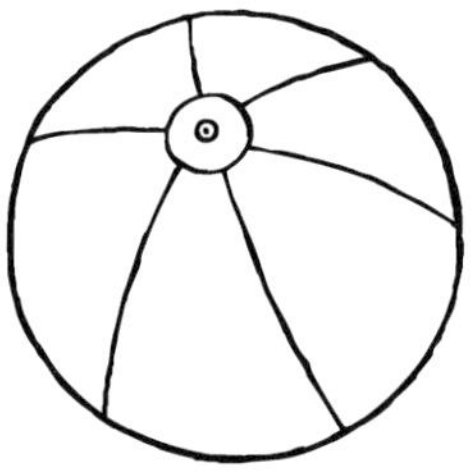 Abb.: Anja Boretzki	 Abb.: Anja Boretzki	 Abb.: Anja Boretzki
 Abb.: Anja Boretzki	 Abb.: Anja Boretzki	 Abb.: Anja Boretzki
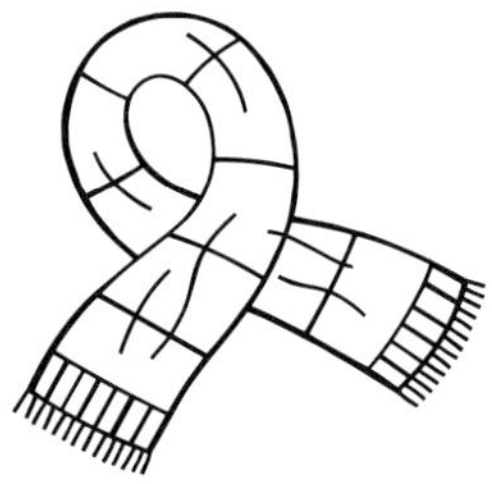 Abb.: Anja Boretzki	 Abb.: Anja Boretzki	 Abb.: Anja Boretzki

Lautdetektiv*in (1)

Identifikation von vorgegebenen Lauten

Bildmaterial: Laut S und Ablenker

Abb.: Anja Boretzki

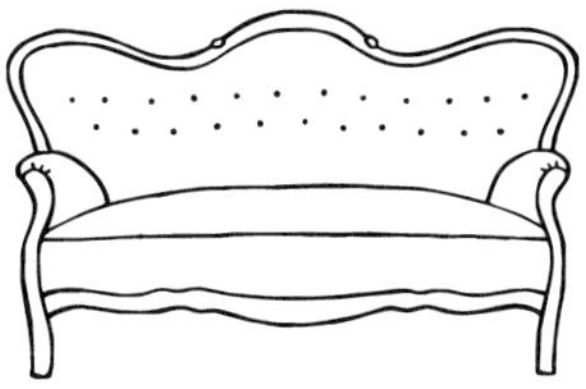

Abb.: Anja Boretzki

Abb.: Anja Boretzki

Abb.: Anja Boretzk.

Abb.: Anja Boretzki

Abb.: Anja Boretzki

Abb.: Anja Boretzki

Abb.: Anja Boretzki

Abb.: Anja Boretzki

Abb.: Anja Boretzki

Abb.: Bettina Weyland

Abb.: Anja Boretzki

Abb.: Anja Boretzki

Abb.: Anja Boretzki

Abb.: Anja Boretzki

Abb.: Anja Boretzki

Abb.: Anja Boretzki

Abb.: Anja Boretzki

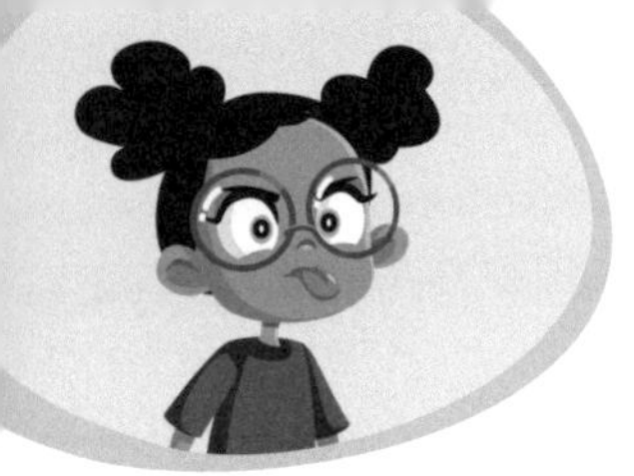

Lautdetektiv*in (1)

24/25

Identifikation von vorgegebenen Lauten

Bildmaterial: Laut R und Ablenker

Abb.: Anja Boretzki
Milch

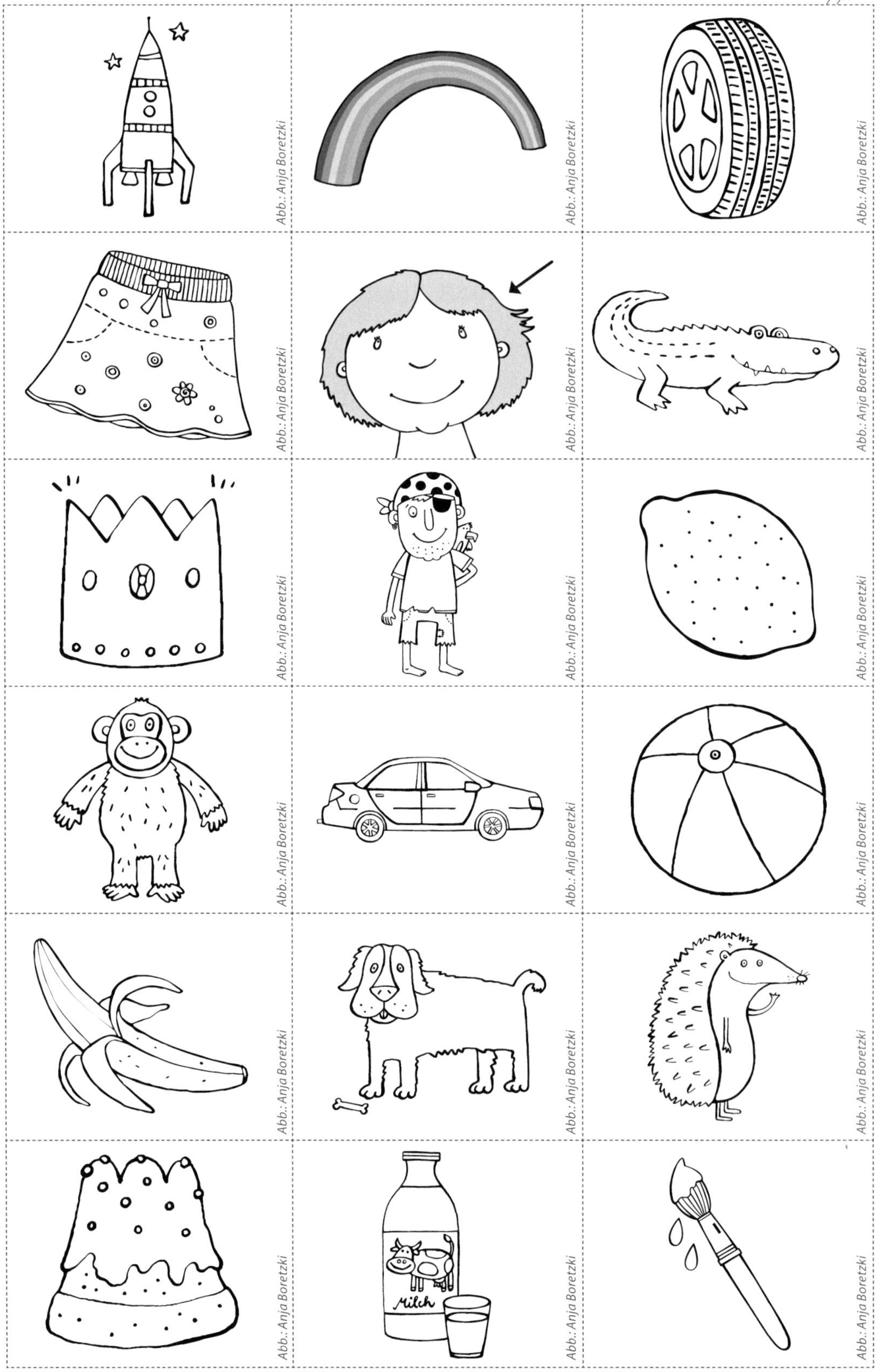

Lautdetektiv*in (1)

25/25

Identifikation von vorgegebenen Lauten

Bildmaterial: Laut CH 1 und Ablenker

Abb.: Anja Boretzki	 Abb.: Dorothee Wolters	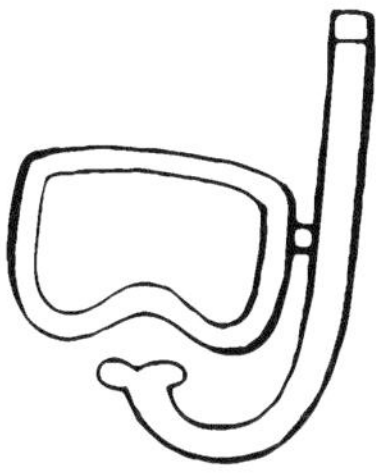 Abb.: Anja Boretzki
 Abb.: Anja Boretzki	 Abb.: Anja Boretzki	 Abb.: Anja Boretzki
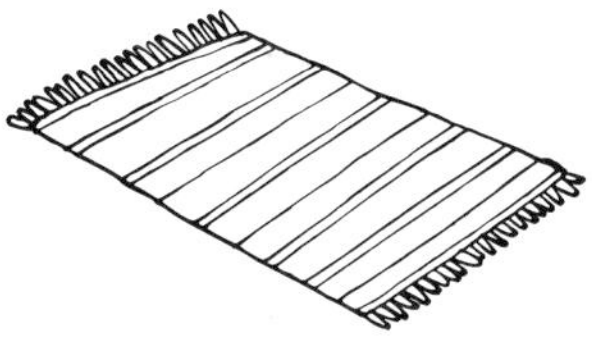 Abb.: Anja Boretzki	 Abb.: Anja Boretzki	 Abb.: Anja Boretzki
 Abb.: Anja Boretzki	 Abb.: Anja Boretzki	 Abb.: Anja Boretzki
 Abb.: Anja Boretzki	 Abb.: Anja Boretzki	 Abb.: Anja Boretzki
 Abb.: Anja Boretzki	 Abb.: Anja Boretzki	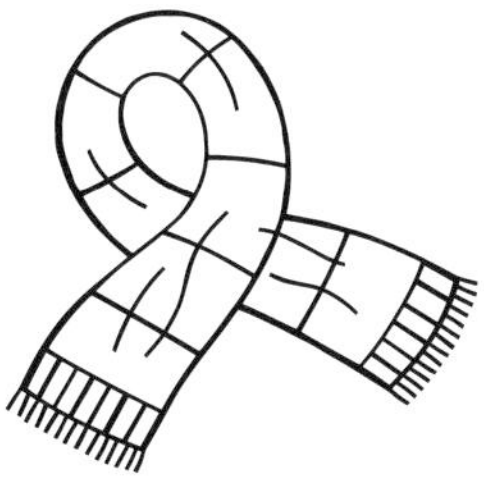 Abb.: Anja Boretzki

Lautdetektiv*in (1)

Identifikation von vorgegebenen Lauten

Bildmaterial: Laut J und Ablenker

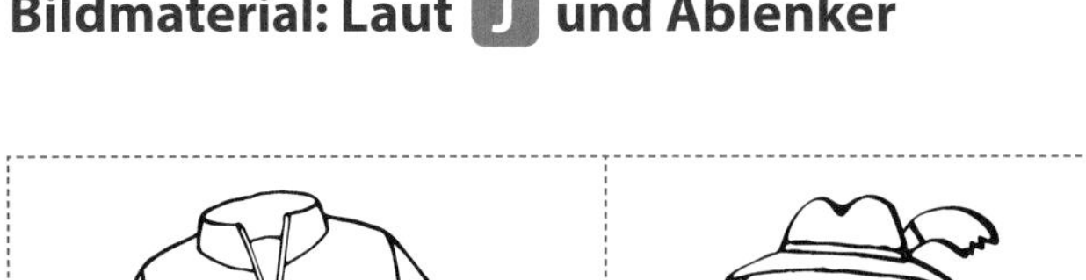

Abb.: Anja Boretzki  | Abb.: Anja Boretzki  | Abb.: Anja Boretzki
Abb.: Anja Boretzki  | Abb.: Anja Boretzki  | Abb.: Anja Boretzki 
Abb.: Anja Boretzki  | Abb.: Anja Boretzki  | Abb.: Bettina Weyland 
Abb.: Anja Boretzki  | Abb.: Anja Boretzki  | Abb.: Anja Boretzki 
Abb.: Anja Boretzki  | Abb.: Anja Boretzki  | Abb.: Anja Boretzki 
Abb.: Anja Boretzki  | Abb.: Anja Boretzki  | Abb.: Anja Boretzki 

Kind: © Nicoleta Ionescu – Shutterstock.com

Lautdetektiv*in (1)

Identifikation von vorgegebenen Lauten

Bildmaterial: Laut G und Ablenker

Abb.: Anja Boretzki	 Abb.: Anja Boretzki	 Abb.: Anja Boretzki
 Abb.: Anja Boretzki	 Abb.: Anja Boretzki	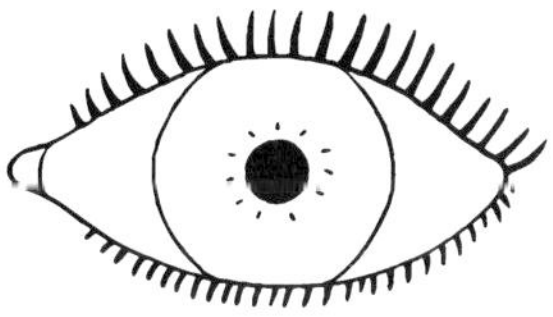 Abb.: Anja Boretzki
 Abb.: Anja Boretzki	 Abb.: Anja Boretzki	 Abb.: Anja Boretzki
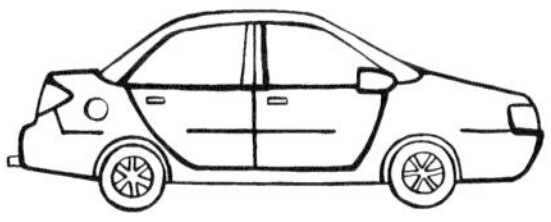 Abb.: Anja Boretzki	 Abb.: Anja Boretzki	 Abb.: Anja Boretzki
 Abb.: Anja Boretzki	 Abb.: Anja Boretzki	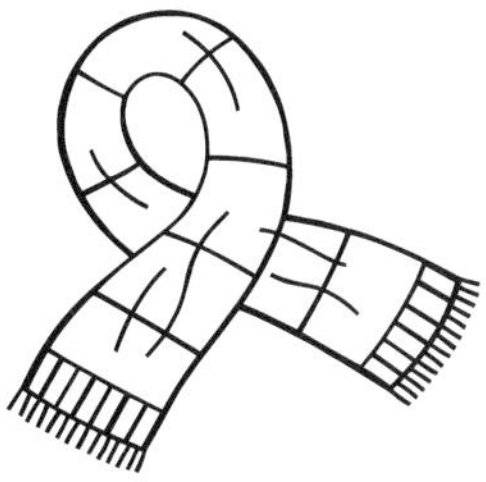 Abb.: Anja Boretzki
 Abb.: Anja Boretzki	 Abb.: Anja Boretzki	 Abb.: Anja Boretzki

Lautdetektiv*in (1)

Identifikation von vorgegebenen Lauten

Bildmaterial: Laut SCH und Ablenker

Abb.: Anja Boretzki	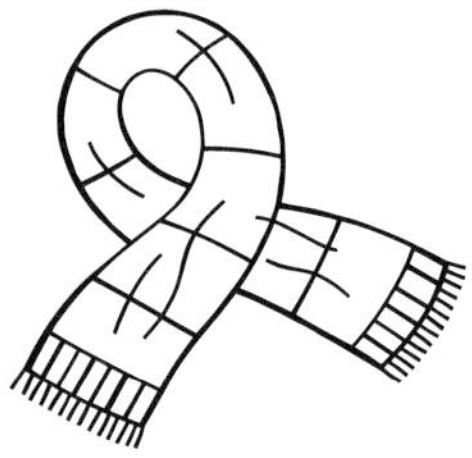 Abb.: Anja Boretzki	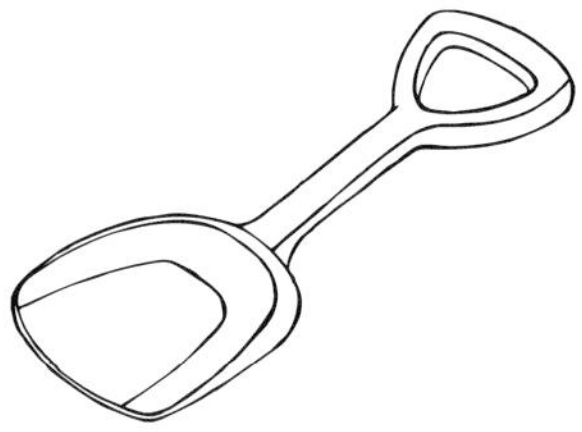 Abb.: Anja Boretzki
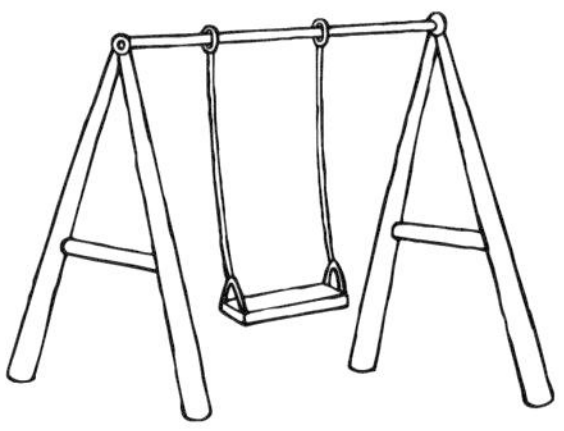 Abb.: Anja Boretzki	 Abb.: Anja Boretzki	 Abb.: Anja Boretzki
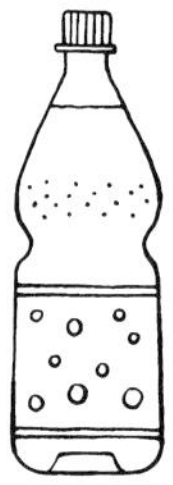 Abb.: Anja Boretzki	 Abb.: Anja Boretzki	 Abb.: Anja Boretzki
 Abb.: Anja Boretzki	 Abb.: Anja Boretzki	 Abb.: Anja Boretzki
 Abb.: Anja Boretzki	 Abb.: Anja Boretzki	 Abb.: Anja Boretzki
 Abb.: Anja Boretzki	 Abb.: Anja Boretzki	 Abb.: Anja Boretzki

Lautdetektiv*in (1)

Identifikation von vorgegebenen Lauten

Bastelvorlage: Lupen

Abb.: Anja Boretzki

Abb.: Anja Boretzki

Abb.: Anja Boretzki

Abb.: Anja Boretzki

Abb.: Anja Boretzki

Abb.: Anja Boretzki

Abb.: Anja Boretzki

Abb.: Anja Boretzki

Lautdetektiv*in (2)

Lokalisation von vorgegebenen Lauten

Alter ab 6 Jahren

Material
- » Bildmaterial: Laute und Ablenker (S. 46–68)
- » Bastelvorlage: Lupen (S. 69), alternativ Spielzeuglupen
- » Bildmaterial: Schlange (S. 71), alternativ Spielzeug

Ziel Die Kinder beurteilen, an welcher Stelle des Worts (vorn, mittig, hinten) ein vorgegebener Ziellaut zu hören ist.

Vorbereitung

Sie wählen Bildkarten entsprechend des Ziellauts aus. Den Kindern wird erklärt, dass sie als Detektivinnen und Detektive die Aufgabe haben, die Stelle, an der sich der Laut im Wort versteckt hat (vorn, mittig oder hinten), zu finden. Dafür kann eine Schlange (o. Ä.) als Veranschaulichung genutzt werden. Vorn ist der Kopf, mittig der Bauch und das Ende der Schwanz.

So geht's

1. Sie ziehen eine Bildkarte, die Sie laut vorsprechen.
2. Alle Kinder suchen die Stelle des Worts, an der der Ziellaut hörbar ist, und platzieren ihre Lupen, entsprechend ihrer ausgewählten Lokalisation, auf der Schlange.
3. Die Lokalisation wird aufgelöst und eine neue Bildkarte wird gezogen.

Alternative Variante

Eine Steigerung dieser Übung ist die vorgegebene Lokalisation eines Ziellauts. Die Kinder haben dann z. B. die Aufgabe, alle Wörter, die ein mittiges „T" enthalten, zu suchen und zum Tisch zu bringen.

Lautdetektiv*in (2)

Lokalisation von vorgegebenen Lauten

Bildmaterial: Schlange

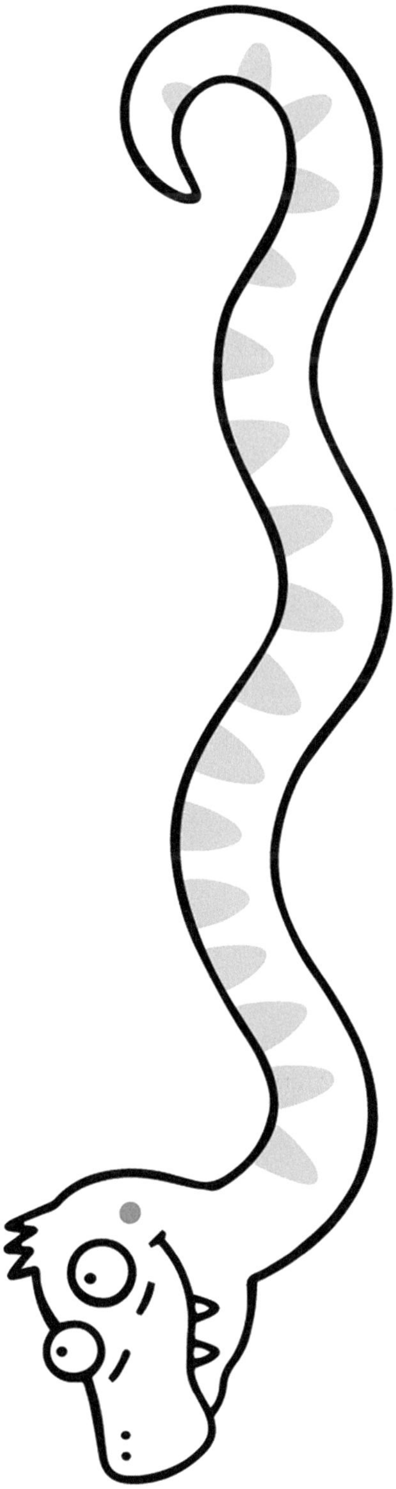

Abb.: Anja Boretzki

Tausendwörtler

Identifikation des Auslauts

Alter ab 5 Jahren

Ziel Die Kinder hören den Endlaut eines gesprochenen Worts heraus und hängen ein Wort an, das mit demselben Laut anfängt.

Vorbereitung

Sie klären die Kinder über das Prinzip des „Tausendwörtlers" auf. Der „Tausendwörtler" ist eine Figur aus endlos aneinandergereihten Wörtern.

So geht's

1. Sprechen Sie ein Wort vor.
2. Das erste Kind ermittelt den Auslaut des vorgegebenen Worts, sucht nach einem Wort mit demselben Anlaut und spricht es ebenfalls laut aus (Beispiel: Hallo → Opa).
3. Dieses Spiel kann nach Belieben endlos weitergeführt werden.

Hinweis

Für die Umsetzung dieser Übungsidee wird ein ausreichend großer Wortschatz und ein uneingeschränktes phonologisches Lautsystem der Kinder benötigt. Auch wenn die Fähigkeit zur korrekten Erkennung von An- und Auslauten mit fünf Jahren als erworben gilt, kann die Umsetzung dieser Übung für einige Fünfjährige herausfordernd bis nicht möglich sein.

Vereinfachung

Als Vereinfachung können passende Bildkarten mit Wörtern ausgewählt werden, die in Bezug auf Auslaut und Anlaut für eine Aneinanderreihung zusammenpassen. Durch visuelles Material und konkrete, bereits vorgegebene Wörter wäre die Umsetzung dieser Übung leichter.

Robotersprache verstehen

Synthese von Lauten

Alter ab 5 Jahren

Material Bildmaterial: lautgetreue Wörter (S. 74–76)

Ziel Die Kinder verbinden einzeln vorgesprochene Laute zu einem Wort.

Vorbereitung

Bei der Wortauswahl sollten Sie die Länge und Komplexität der Wörter entsprechend des Anforderungsniveaus der Kinder beachten.
Kurze und hochfrequente Wörter (z. B. „rot“) sind leichter zu synthetisieren als längere Wörter und niedrigfrequente Wörter (z. B. „Wurzel“).
Zu Beginn der Übung erklären Sie das Prinzip der Robotersprache (Wörter werden in ihre lautlichen Einzelbestandteile zerlegt) und geben ein Beispiel vor.

So geht's

1. Sie verteilen auf einem Tisch oder einer für alle Kinder gut einsehbaren Unterlage die ausgewählten Bildkarten.
2. Sie sprechen ein Wort der vorliegenden Bildkarten, lautlich segmentiert, vor (z. B. „H – a – s – e“).
3. Die Kinder suchen das passende Bild zum gesprochenen Wort.
4. Das Kind, das die gesuchte Karte zuerst gefunden hat, gewinnt die Runde.

Hinweis

Da die Kinder in diesem Alter noch keine grundlegenden Kenntnisse über das deutsche Buchstabensystem haben, ist es wichtig, die einzelnen Laute des Worts als tatsächliche Laute und nicht als Buchstaben auszusprechen.

Alternative Variante

Sobald das Übungsprinzip für die Kinder klar und umsetzbar ist, können die Bildkarten auch im Raum verteilt werden, um die auditive Merkfähigkeit zu schulen und mehr körperliche Bewegung hineinzubringen.

Robotersprache verstehen

Synthese von Lauten

Bildmaterial: lautgetreue Wörter (Anforderungsniveau 1)

Abb.: Anja Boretzki	Abb.: Anja Boretzki	Abb.: Anja Boretzki
Abb.: Anja Boretzki	Abb.: Anja Boretzki	Abb.: Anja Boretzki
Abb.: Anja Boretzki	Abb.: Anja Boretzki	Abb.: Anja Boretzki
Abb.: Anja Boretzki	Abb.: Anja Boretzki	Abb.: Anja Boretzki
Abb.: Anja Boretzki	Abb.: Bettina Weyland	Abb.: Anja Boretzki
Abb.: Anja Boretzki	Abb.: Anja Boretzki	Abb.: Anja Boretzki

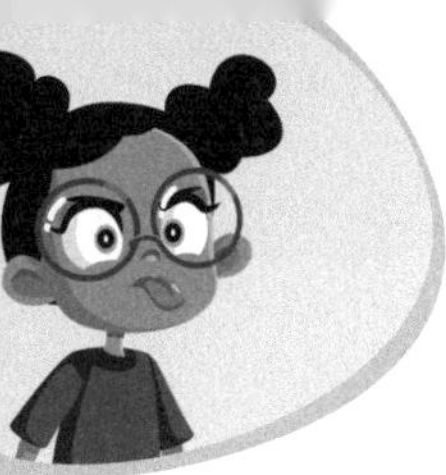

Robotersprache verstehen

Synthese von Lauten

Bildmaterial: lautgetreue Wörter (Anforderungsniveau 2)

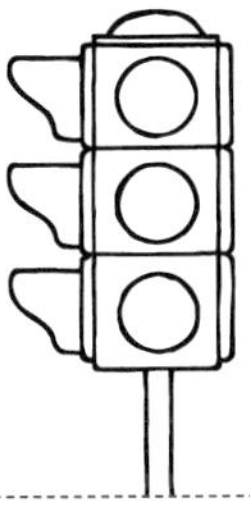

Abb.: Anja Boretzki

Abb.: Anja Boretzki

Abb.: Anja Boretzki

Abb.: Anja Boretzki

Abb.: Anja Boretzki

Abb.: Anja Boretzki

Abb.: Anja Boretzki

Abb.: Anja Boretzki

Abb.: Anja Boretzki

Abb.: Anja Boretzki

Abb.: Anja Boretzki

Abb.: Anja Boretzki

Abb.: Anja Boretzki

Abb.: Anja Boretzki

Abb.: Anja Boretzki

Abb.: Anja Boretzki

Abb.: Anja Boretzki

Kind: © Nicoleta Ionescu – Shutterstock.com

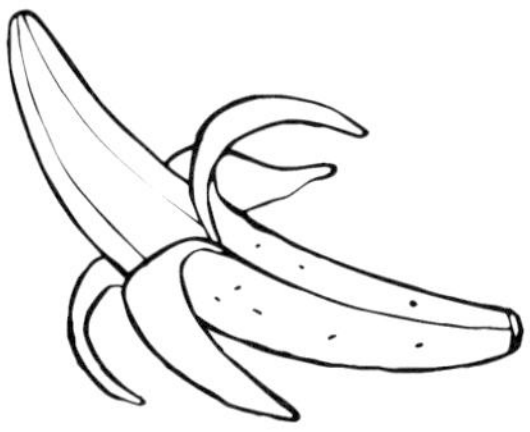

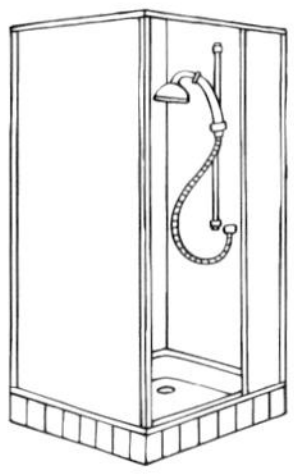

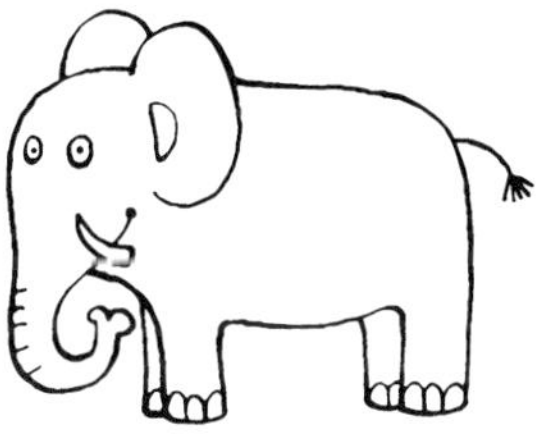

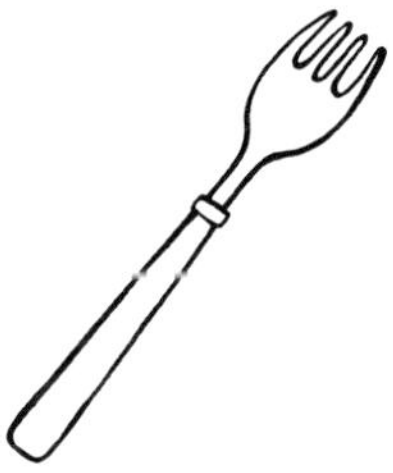

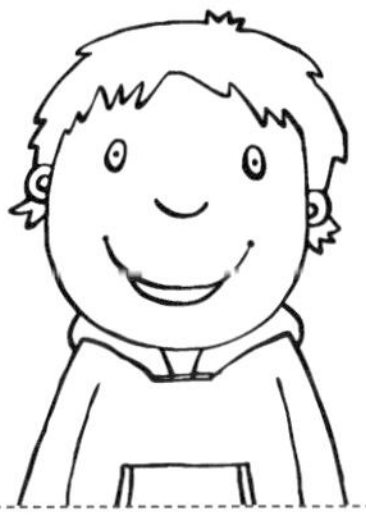

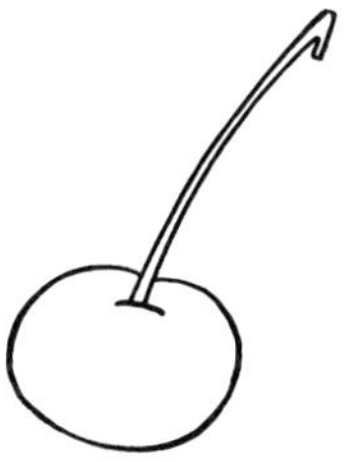

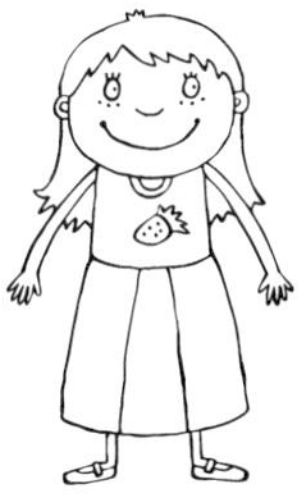

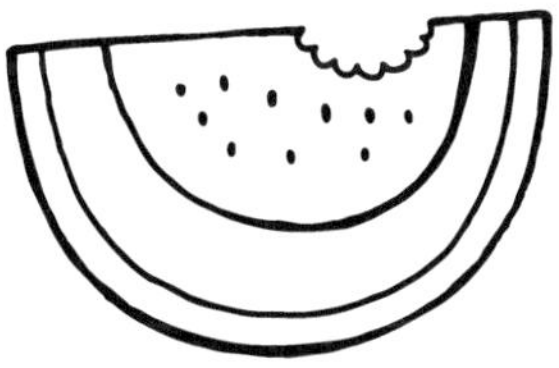

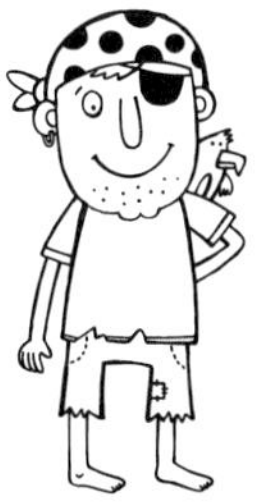

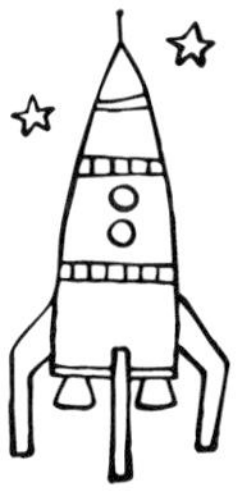

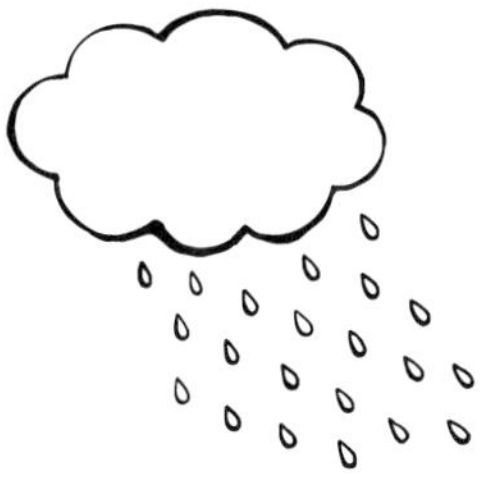

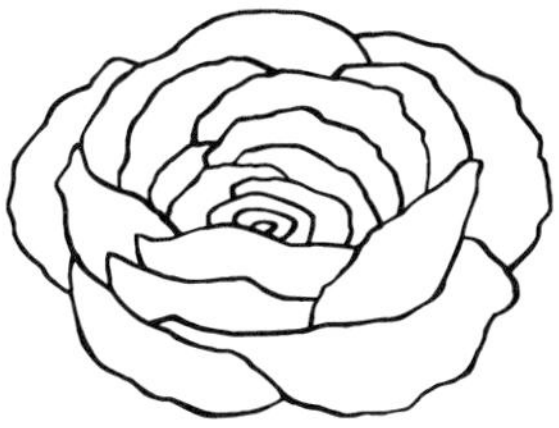

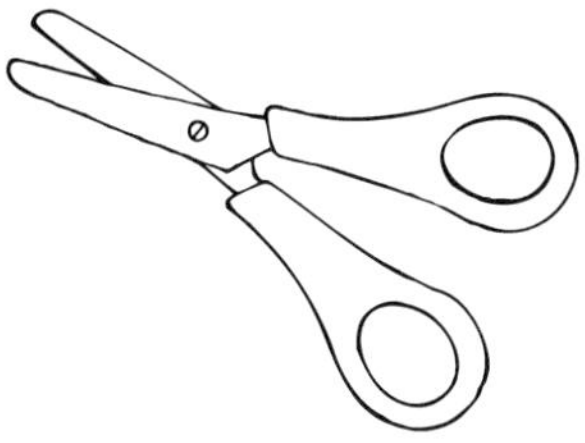

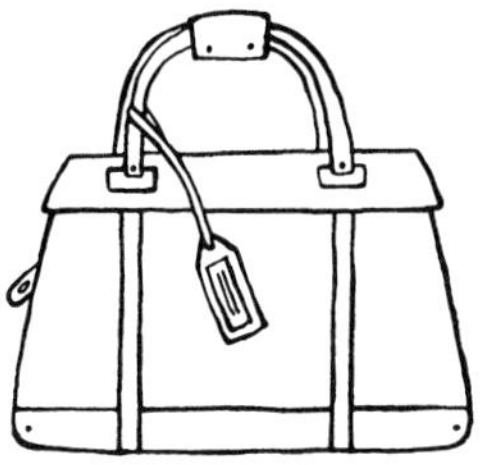

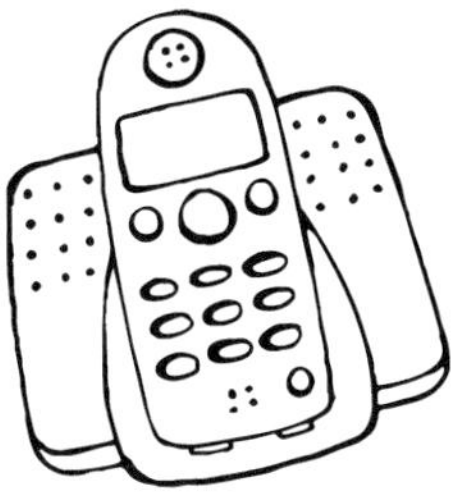

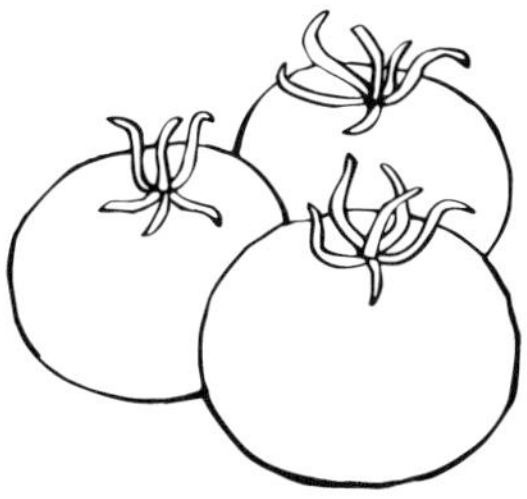

Robotersprache verstehen

Synthese von Lauten

Bildmaterial: lautgetreue Wörter (Anforderungsniveau 3)

Abb.: Anja Boretzki	Abb.: Anja Boretzki	Abb.: Anja Boretzki
HAUSAUFGABEN Montag Dienstag Mittwoch Abb.: Anja Boretzki	Abb.: Anja Boretzki	Abb.: Anja Boretzki
Schokolade Abb.: Anja Boretzki	Abb.: Anja Boretzki	Abb.: Anja Boretzki
Abb.: Norbert Höveler	Abb.: Anja Boretzki	Abb.: Anja Boretzki
Abb.: Anja Boretzki	Abb.: Anja Boretzki	Abb.: Anja Boretzki

Robotersprache sprechen

Segmentieren von Wörtern in einzelne Laute

Alter ab 6 Jahren

Material Bildmaterial: lautgetreue Wörter (S. 74–76)

Ziel Die Kinder zerlegen lautgetreue Wörter in ihre einzelnen Laute.

Vorbereitung

Sie sollten bei der Wortauswahl die Länge und Komplexität der Wörter entsprechend dem Anforderungsniveau der Kinder auswählen. Kurze und hochfrequente Wörter (z. B. „rot") sind leichter zu zerlegen als längere Wörter und niedrigfrequente Wörter (z. B. „Wurzel"). Hochfrequente und dem Alter der Kinder entsprechende Wörter erleichtern das Segmentieren.

So geht's

1. Gemeinsam mit den Kindern wiederholen Sie das Prinzip der Robotersprache und erklären, dass nun die Kinder an der Reihe sind, in Robotersprache zu sprechen.
2. Ein Kind beginnt, zieht eine Bildkarte und spricht das Wort, in einzelne Laute segmentiert, vor.
3. Die restlichen Kinder versuchen, das richtige Wort herauszuhören und richtig zu benennen.
4. Wird das segmentierte Wort von den Kindern korrekt benannt, wird die Bildkarte offen hingelegt und das nächste Kind darf eine Karte in Robotersprache sprechen.

Vereinfachung

Um das Erraten des segmentierten Worts für die mitspielenden Kinder zu vereinfachen, können alle Bildkarten der verwendeten Zielwörter auf einem Tisch vor den Kindern ausgebreitet werden (vgl. „Robotersprache verstehen").

Steigerung

Die Komplexität und Länge der Wörter kann variiert werden, um eine Steigerung einzubauen. Die Verwendung niedrigfrequenter Wörter stellt ebenfalls eine Steigerung dar.

Übungen zur visuellen, auditiven und taktil-kinästhetischen Lauterfassung

Lautmalerei

(anwendbar für jeden Laut)

Material
- Papier/Karton
- Fingerfarben

Ziel Die Kinder lernen spielerisch und taktil-kinästhetisch die Formen unterschiedlicher Buchstaben kennen.

Vorbereitung

Bevor mit der Übung gestartet wird, besprechen Sie die individuellen visuellen Eigenschaften und markanten Merkmale des jeweiligen Lauts (z. B. Rundung des Buchstaben „O", weiche Linien des Buchstaben „S" ö. Ä.).

So geht's

1. Jedes Kind zeichnet/malt die vorgegebenen Buchstaben mithilfe seiner Finger und der Fingerfarben auf das Papier. Zum Ausprobieren dürfen gern verschiedene Finger genutzt werden.
2. Das Malen darf variiert werden, indem Sie neue Hinweise geben. Z. B. wird in der nächsten Runde jeder Buchstabe mit dem Finger getupft oder in kleinen, gestrichelten Linien dargestellt.

Hinweis

Das Ziel der Übung liegt im Kennenlernen der Form. Sie dürfen gern Verbesserungshinweise geben, dennoch steht das Kennenlernen und taktil-kinästhetische Erschließen im Vordergrund, da es noch nicht konkret um die schriftsprachliche Umsetzung geht.

Lautbastelei

(anwendbar für jeden Laut)

Material
» Flüssigkleber
» Federn, Knete, Glitzer/Streusel, Pfeifenreiniger

Ziel Die Kinder lernen spielerisch die Formen unterschiedlicher Buchstaben kennen und stellen Buchstaben mithilfe unterschiedlicher Materialien dar.

Vorbereitung

Den Kindern wird erklärt, dass sie (einen) Buchstaben mit verschiedenen Materialien darstellen werden. Dafür besprechen Sie zuvor die individuellen visuellen Eigenschaften des jeweiligen Lauts und lenken die Aufmerksamkeit der Kinder auf die markanten Merkmale der Laute (z. B. Rundung des Buchstaben „O", weiche Linien des Buchstaben „S" o. Ä.). Wichtig für die Materialauswahl ist, dass sich das Material leicht in eine gewünschte Form bringen lässt. Welches Material verwendet wird, obliegt Ihnen oder den Kindern, falls es unterschiedliche Materialien zur Auswahl gibt.

So geht's

1. Sie präsentieren den Kindern den Buchstaben, der zusammen geformt werden soll (z. B. schreiben diesen an die Tafel).
2. Jedes Kind erhält ein Blatt und „malt" mit dem Flüssigkleber den gewünschten Buchstaben auf das Blatt.
3. Im Anschluss platzieren die Kinder die Bastelmaterialien auf dem Kleber, sodass der Buchstabe sichtbarer wird. Für die Zielerreichung ist es wichtig, dass der Buchstabe in seiner Form deutlich erkennbar ist.

Tipps

» Diese Übung kann mit saisonalem Lerninput, wie z. B. Jahreszeiten, verknüpft werden. So können beispielsweise im Herbst gesammelte und getrocknete Blätter oder im Sommer frisch gepflückte Blumen verwendet werden.
» Die Materialien für diese Übung können zuvor mit den Kindern gesammelt (z. B. Eicheln, Tannenzapfen etc.) oder vorbereitet (z. B. Konfetti) werden.

Alternative Variante

Die Übung kann auch um kurze Wörter oder die Namen der Kinder erweitert werden.

Differenzierung der Mundbewegung

Vokale raten

Material *pro Kind:* ein Handspiegel

Ziel Die Kinder erkennen und unterscheiden Vokale anhand der Merkmale „Lippenrundung" und „Kieferöffnung" visuell.

Vorbereitung

Bevor mit der Übung gestartet wird, erklären Sie, dass die Laute „A", „E", „I", „O" und „U" unterschiedliche Merkmale haben, anhand derer die Vokale unterschieden werden. Die wichtigsten Merkmale sind hierbei die Lippenrundung („Sind die Lippen eher rund oder eher breit?") und Kieferöffnung („Ist der Mund ganz weit auf oder nur ein bisschen?").
Für die Übungsumsetzung ist es wichtig, dass die Kinder sich selbst (v.a. ihren Mund) gut sehen können.

So geht's

1. Sie sprechen einen Vokal vor und die Kinder schauen während der eigenen Artikulation des Lauts in den Spiegel und beschreiben, was sie in Bezug auf Lippenrundung und Kieferöffnung erkennen können.
2. In den nächsten Schritten werden alle für die Übung gewählten Vokale nach demselben Prinzip angeboten und durch die Kinder erschlossen.
3. Wenn die Merkmale aller Vokale eingeführt und besprochen wurden, geben Sie die zu erratenden Vokale nun stimmlos vor, d.h., Sie nehmen lediglich die Artikulationsposition des jeweiligen Vokals ein.
4. Durch selbstständiges Ausprobieren vor dem Spiegel und das Erkennen der signifikanten Merkmale des Vokals versuchen die Kinder, zu erraten, welchen Vokal Sie vorgegeben haben.

Tipps

Laute können nach einer beliebigen Reihenfolge oder mit bewusst gewähltem Kontrast angeboten werden. So besteht beispielsweise zwischen „E" und „U" ein starker Kontrast in Bezug auf die Lippenrundung und zwischen „A" und „U" ein starker Kontrast in Bezug auf die Kieferöffnung. Wiederum besteht ein geringer Kontrast zwischen den Lauten „E" und „I" sowie zwischen „O" und „U".

Differenzierung der Stimmhaftigkeit

Der Motor 1/2

Material Symbolkarten: Motor an/aus (S. 84)

Ziel Die Kinder beurteilen mithilfe der Vorstellungshilfe eines Motors und der taktil-kinästhetischen Wahrnehmung der Vibration am Kehlkopf, welche Laute stimmhaft oder stimmlos sind.

Vorbereitung

Den Kindern wird die Vorstellungshilfe des „Motors" erklärt. Mit Motor ist der Kehlkopf gemeint, der bei der Produktion von stimmhaften Lauten vibriert (Motor an) und bei stimmlosen Lauten keine Vibration erzeugt (Motor aus). Damit die Kinder die vorgestellte Differenzierungsübung in Bezug auf die Stimmhaftigkeit umsetzen können, sollte auch die anatomische Lokalisierung des Kehlkopfs zu Beginn eingeübt werden.

So geht's

1. Die Kinder kontrastieren die wahrnehmbare Vibration des Kehlkopfs während des stimmlosen Ausatmens (Motor aus) und der ungerichteten Stimmgebung (Motor an).
2. Sie geben einen stimmlosen/stimmhaften Laut visuell vor, indem Sie den Laut an die Tafel schreiben.
3. Die Kinder produzieren diesen Laut, während eine Hand auf dem Kehlkopf positioniert ist.
4. Anschließend beurteilen die Kinder, ob der vorgegebene Laut stimmhaft (wahrnehmbare Vibration = Motor an) oder stimmlos (keine wahrnehmbare Vibration = Motor aus) ist.
5. Wenn die Stimmhaftigkeit des Lauts aufgelöst ist, bieten Sie weitere Laute an.

Vereinfachung

Das auditive Vorgeben der Laute, beispielsweise durch Vorsprechen, stellt eine Vereinfachung dar. Diese Variante ist niederschwelliger, da die Kinder die hörbare Stimmhaftigkeit imitieren und bereits bei Ihrem Vorsprechen beurteilen können.

Steigerungen

Als Steigerung können zwei Laute gleichzeitig vorgegeben werden und die Aufgabe der Kinder ist es, herauszufinden, welcher der beiden Laute stimmhaft ist.

Differenzierung der Stimmhaftigkeit

Der Motor 2/2

Symbolkarte: Motor an

Abb.: Anja Boretzki

Symbolkarte: Motor aus

Abb.: Anja Boretzki

Übungslaut M

Resonanzsuche

Ziel Die Kinder erschließen sich taktil-kinästhetisch Resonanzräume und Vibrationen im Körper während der Artikulation von „M".

Vorbereitung

Den Kindern wird erklärt, dass sie sich während der Lautproduktion von „M" auf die Suche nach Vibrationen und Schwingungen im Körper machen. Dafür ist es wichtig, zu erwähnen, dass sie die Vibrationen mit ihren Händen suchen und finden sollen. Für eine differenzierte taktil-kinästhetische Wahrnehmung ist es sinnvoll, über die unterschiedlich wahrnehmbare Vibrationsintensität in Abhängigkeit der Körperstruktur zu sprechen (je weiter vom Kehlkopf entfernt gefühlt wird, desto geringer ist die Vibration).

So geht's

1. Die Kinder produzieren den Laut „M" während der gesamten Übung konstant im Stehen.
2. Die Wahrnehmung möglicher Vibrationen beginnt mit beiden Händen zuerst im Bereich des Kopfes und des Gesichts.
3. Während der Laut weiterhin produziert wird, erfühlen die Kinder im nächsten Schritt mögliche Vibration am Hals.
4. Im nächsten Schritt erfühlen die Kinder die Bereiche des Brustkorbs und des Bauchs.
5. Im Anschluss wird gemeinsam reflektiert, wo die Kinder die meiste Vibration gespürt haben.

Hinweis

Um möglichst viele und unterschiedliche taktil-kinästhetische Wahrnehmungen zu sammeln, kann die Tonhöhe variiert werden. Sehr hohe und sehr tiefe Töne werden weniger intensiv vibrieren.

Alternative Variante

Im Kontrast zu „M" können als Variation auch andere Laute erfühlt werden. Zu beachten gilt, dass mit der Artikulation von „M" die meisten und intensivsten Vibrationen spürbar sind. Andere stimmhafte Laute erzeugen weniger fühlbare Vibrationen, bei stimmlosen Lauten hingegen sind keine Vibrationen spürbar.

Übungslaut P

Der Luftballon

Material Luftballons

Ziel Die Kinder erfühlen die Artikulationsorgane (Ober- und Unterlippe) und die Artikulationsart (kurz, prägnant, schnell) des Lauts „P".

Vorbereitung

Sie sensibilisieren die Kinder für das Geräusch, welches der Laut ergibt. Einen möglichen Vergleich stellt der Aufschlag eines Balls dar. Mit dieser Vorstellungshilfe führen die Kinder die nachstehende Übung durch.

So geht's

1. Sie teilen die Kinder in 2er-Teams ein.
2. Jedes Team erhält einen Luftballon.
3. Den Luftballon passen sich die Teampartner*innen wie bei einem Aufschlag mit der Handinnenfläche gegenseitig zu und produzieren dabei bei jedem Pass den Laut „P".
4. Das Team, welches den Luftballon am längsten in der Luft halten kann, gewinnt.

Hinweise

» Der Druckaufbau während des Aufschlags gegen den Luftballon wirkt sich dabei unterstützend auf die Wahrnehmung der Artikulationsmerkmale aus.

» Das Sprechen des Lauts und das Zupassen sollten gleichzeitig erfolgen, um eine bessere Verbindung zwischen der Lautproduktion und der motorischen Ausführung zu schaffen.

Übungslaut W

Automotoren

Material Spielzeugautos

Ziel Die Kinder stellen die Artikulationsmerkmale des Lauts „W" (lang, dehnbar, fließend) durch das Nachahmen der Autogeräusche nach.

Vorbereitung

Sie markieren im Vorfeld eine Startlinie im Raum. Sie sensibilisieren die Kinder für die Artikulationsmerkmale des Lauts „W", indem sie die beliebig veränderbare Produktionslänge anhand eines fahrenden Spielzeugautos darstellen. Die für die Übung benötigten Spielzeugautos können von zu Hause mitgebracht werden, wahlweise können auch andere Fahrzeuge je nach Interesse der Kinder verwendet werden.

So geht's

1. Jedes Kind stellt sich mit seinem Spielzeugauto an der Startlinie auf.
2. Nacheinander schiebt jedes Kind sein Auto schwungvoll an.
3. Solange das Auto rollt, produziert das Kind den Laut „W", um den laufenden Motor nachzuahmen.
4. Das Auto, welches die längste Strecke zurücklegt, gewinnt die Runde.

Alternative Varianten

» Je nach Gruppengröße können Sie die Kinder in Kleingruppen einteilen, sodass immer drei bis vier Kinder gegeneinander antreten.

» Bieten Sie Laute mit in Bezug auf Produktionslänge ähnlichen Merkmalen, wie beispielsweise „L", „S" oder „F".

Übungslaut F

Federn pusten

Material Kunstfedern

Ziel Die Kinder kontrastieren die Artikulation des „F" und die motorische Ausführung des Pustens.

Vorbereitung

Zu Beginn der Übung ist es wichtig, den Kontrast zwischen Pusten und der Artikulation des „F" zu verdeutlichen. Sie erklären, dass das Pusten und die Artikulation des Lauts eine motorische Ausführung mit denselben anatomischen Strukturen ist. Die Unterschiede der motorischen Ausführung liegen hierbei in der Artikulation und der Intensität des Luftstroms.

So geht's

1. Jedes Kind erhält eine Feder und platziert diese vor sich.
2. Zuerst werden die Federn durch Pusten in Bewegung versetzt.
3. Anschließend werden die Federn durch die Artikulation des Lauts „F" in Bewegung versetzt.
4. Die unterschiedlichen Bewegungen und Intensitäten werden gemeinsam besprochen.

Tipp

Um die Artikulation des „F" besser vom Pusten abzugrenzen, können Wattebäusche verwendet werden. Diese können durch die reine Lautartikulation nicht in Bewegung versetzt werden, sondern brauchen einen intensiveren Luftstrom, wie beispielsweise vom Pusten.

Übungslaute L und N

Lautwahrnehmung mit Brause

Material
» Standspiegel
» Brause

Ziel Die Kinder erfühlen Artikulationsort (Gaumen), Artikulationsorgan (Zunge) und Artikulationsart (fließend, weich, lang) der Laute „L“ und „N“.

Vorbereitung

Sie besprechen mit den Kindern den Artikulationsort (vorderer Gaumen kurz hinter den Schneidezähnen) und das Artikulationsorgan (Zunge). Sie erklären ihnen, dass diese benötigt werden, um ein „L“ bzw. ein „N“ zu produzieren. Durch das Anheben der Zungenspitze an den vorderen Teil des harten Gaumens wird das „L“ bzw. das „N“ gebildet.

So geht's

1. Die Kinder platzieren die Brause am vorderen Teil des Gaumens, direkt hinter den oberen Schneidezähnen.
2. Die Kinder berühren mit der Zunge die Brause und damit den Artikulationsort und produzieren wechselnd die Ziellaute „L“ und „N“.

Alternative Varianten

» Alternative Übungslaute sind das „T“ und „D“. Die Artikulationsart ändert sich dabei von „fließend und lang“ zu „kurz und prägnant“.
» Um einen kontrastierenden Effekt zu erzielen, können die langen und fließenden Laute abwechselnd mit den kurzen und prägnanten Lauten erzeugt werden.

Übungslaut D

Regentropfen

Material *pro Kind:*
- Blatt Papier
- Glas Wasser
- bei Bedarf Wasserfarbe zum Färben des Wassers

Ziel Die Kinder stellen die Artikulationsmerkmale des Lauts „D" (kurz, kraftvoll, punktuell) mit den Fingern dar.

Vorbereitung

Sie sensibilisieren die Kinder für das Geräusch, welches der Laut ergibt. Einen möglichen Vergleich stellen einzelne Regentropfen dar. Mit dieser Vorstellungshilfe führen die Kinder die nachstehende Übung durch, indem sie Regentropfen auditiv (Lautproduktion des Lauts „D") und visuell (Regentropfen mit dem Zeigefinger tupfen) nachahmen. Sie händigen die oben aufgelisteten Materialien aus.

So geht's

1. Die Kinder tunken ihren Zeigefinger in das Glas Wasser.
2. Anschließend tupfen sie mit dem wasserbenetzten Finger einzelne Tropfen auf das Blatt Papier.
3. Jeder Tropfen wird sprachlich mit dem Laut „D" begleitet.

Hinweis

Das Sprechen des Lauts und das Tupfen mit dem Finger sollte gleichzeitig erfolgen, um eine bessere Verbindung zwischen der Lautproduktion und der motorischen Ausführung zu schaffen.

Übungslaut T

Seifenblasen platzen

Material Seifenblasen

Ziel Die Kinder erfühlen den Artikulationsort (Gaumen), das Artikulationsorgan (Zungenspitze) und die Artikulationsart (kurz, prägnant, schnell) des Lauts „T".

Vorbereitung

Sie sensibilisieren die Kinder für das Geräusch, welches der Laut ergibt. Einen möglichen Vergleich stellen geplatzte Seifenblasen dar. Mit dieser Vorstellungshilfe sollen die Kinder die nachstehende Übung durchführen, indem sie Seifenblasen mit dem Finger zum Platzen bringen. Das kurze und prägnante Tippen mit der Fingerspitze spiegelt die Artikulationsmerkmale des Lauts wider.

So geht's

1. Sie (oder ein Kind der Gruppe) pusten einige Seifenblasen.
2. Die Seifenblasen werden von den Kindern mit den Fingerspitzen zum Platzen gebracht.
3. Während die Kinder eine Seifenblase mit der Fingerspitze platzen lassen, produzieren sie gleichzeitig den Laut „T".

Hinweis

Das Sprechen des Lauts und das Zerplatzen mit dem Finger sollte gleichzeitig erfolgen, um eine bessere Verbindung zwischen der Lautproduktion und der motorischen Ausführung zu schaffen.

Übungslaut S

Die Schlange und die Biene

Material
- Symbolkarten: Schlange und Biene (S. 93)
- Wortmaterial: stimmhaftes/stimmloses „S" (S. 94)
- Schere und Stifte

Ziel Die Kinder erfühlen den Artikulationsort (Gaumen), das Artikulationsorgan (Zunge), die Artikulationsart (fließend, weich und lang) sowie die Stimmhaftigkeit beider Varianten (stimmhaft/stimmlos) des Lauts „S".

Vorbereitung

Die Symbolkarten „Schlange" und „Biene" werden eingeführt. Sie erklären den Kindern, dass sich die Geräusche der Schlange und der Biene sehr ähnlich anhören, es aber einen Unterschied in Bezug auf die Stimmhaftigkeit gibt. Das stimmlose „S" (z. B. bei „Wasser") wird dabei durch die Schlange und das stimmhafte „S" (z. B. bei „Salat") durch die Biene repräsentiert.

So geht`s

1. Jedes Kind erhält jeweils, passend zu den Symbolkarten, eine Bastelvorlage, die es nach Belieben ausmalen und ausschneiden darf.
2. Die Kinder produzieren beide Laute abwechselnd und verknüpfen die Laute mit der jeweiligen Bastelvorlage (siehe „Vorbereitung").
3. Anschließend geben Sie Wörter vor, welche die Laute enthalten. Die Kinder sollen dann entscheiden, ob das angebotene Wort ein stimmhaftes oder ein stimmloses „S" enthält, und die entsprechende Bildkarte hochhalten.

Übungslaut S

Die Schlange und die Biene

Symbolkarte: Schlange

Abb.: Anja Boretzki

Symbolkarte: Biene

Abb.: Anja Boretzki

Übungslaut S

Die Schlange und die Biene

Wortmaterial: stimmhaftes/stimmloses „S“

stimmloses „S“ *(Schlange)*	**stimmhaftes „S“** *(Biene)*
Ananas	Sahne
Bus	Salat
Eis	Sandale
Fass	See
Fuß	Segelboot
Glas	Seife
Gras	Sieb
Haus	Socke
Kaktus	Sofa
Kuss	Sonne
Mais	Besen
Maus	Dose
Nuss	Esel
Spaß	Hase
Essen	Hose
Kasse	Insel
Kissen	Nase
Rassel	Riese
Tasse	Rose

Übungslaut H

Spiegel anhauchen

Material *pro Kind:* ein Handspiegel

Ziel Die Kinder erfühlen und visualisieren die Artikulationsart (dehnbar, behaucht) des Lauts „H".

Vorbereitung

Vor der Übung besprechen Sie mit den Kindern die Artikulationsmerkmale des Lauts „H" und stellen einen Vergleich zu einem hauchenden Geräusch her. Sie leiten die Kinder an, dies nun selbst auszuprobieren.

So geht's

1. Die Kinder produzieren den Laut „H" unmittelbar vor dem Spiegel, sodass dieser beschlägt.
2. Sie sensibilisieren die Kinder für das auftretende visuelle Feedback und verdeutlichen das Hauchen als wichtigstes Merkmal des Lauts „H".

Hinweise

» Achten Sie darauf, dass der Laut ausschließlich durch Hauchen produziert wird. Auf Lautkombinationen, wie beispielsweise „HA" oder „HU", sollte verzichtet werden.

» Zur Unterstützung des Schreiberwerbs können die Kinder den passenden Buchstaben „H" mit den Fingern auf den behauchten Spiegel schreiben.

Übungslaute CH1 und CH2

Die Hexe und der Drache

Material » Symbolkarten: Hexe und Drache (S. 97)
» Wortmaterial: „CH 1" und „CH 2" (S. 98)

Ziel Die Kinder unterscheiden die Laute „CH 1" und „CH 2" auf Laut- und Wortebene.

Vorbereitung

Bevor mit der Übung begonnen wird, führen Sie die Lautsymbole für beide Laute ein. Dabei wird dem Laut „CH1" (Mil**ch**) ein Hexengeräusch bzw. Hexenlachen und dem Laut „CH2" (Bu**ch**) ein Drachengeräusch zugeordnet. Jedes Kind erhält die Bildvorlage einer Hexe und eines Drachen.

So geht's

1. Die Kinder dürfen ihre Bildvorlagen für beide Karten nach Belieben ausmalen und verzieren.
2. Sie produzieren mit den Kindern beide Laute im Kontrast, sodass die Kinder die Laute mit den jeweils zugehörigen Lautsymbolen verknüpfen.
3. Im Anschluss sprechen Sie Wörter vor, die einen der beiden Ziellaute enthalten.
4. Die Kinder halten das jeweilige Lautsymbol hoch, welches sie in dem vorgesprochenen Wort gehört haben.

Übungslaute CH1 und CH2

Die Hexe und der Drache

Symbolkarte: Hexe

Abb.: Anja Boretzki

Symbolkarte: Drache

Abb.: Bettina Weyland

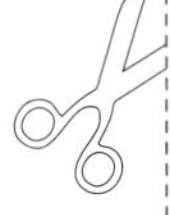

Übungslaute CH 1 und CH 2

Die Hexe und der Drache

Wortmaterial: „CH 1" und „CH 2"

Wörter mit „CH 1"	Wörter mit „CH 2"
Elch	Bach
Honig	Bauch
ich	Bruch
König	Buch
Milch	Dach
Pfirsich	Fach
Storch	Geruch
Teich	Handtuch
Teppich	Koch
Becher	Krach
Brötchen	Loch
Bücher	Rauch
Eichel	Schlauch
Fächer	Tuch
Früchte	acht
Gummibärchen	Docht
Hähnchen	Drache
Kaninchen	Hochzeit
Kirche	Knochen
Köchin	Kuchen
Küche	lachen
Leuchtturm	Nacht
Licht	Rochen
Mädchen	Sachen
Plätzchen	Schachtel
Schnorchel	Suche
Specht	Taucher
Streichholz	Tochter
Trichter	Weihnachten

Übungslaut R

Gurgeln

Material
- Wasser
- Becher
- ggf. Standspiegel

Ziel Die Kinder erfühlen den Artikulationsort (Zäpfchen) und die Artikulationsart (vibrierend, fließend, dehnbar).

Vorbereitung

Vor der Übung erklären Sie den Kindern, dass der Laut „R" weit hinten im Rachen am Zäpfchen gebildet wird. Bei Bedarf können die Kinder das Zäpfchen als Artikulationsort im Spiegel betrachten. Sie verdeutlichen den Vergleich zwischen der Artikulation des „R" und des Gurgelns.

So geht's

1. Die Kinder nehmen einen Schluck Wasser aus ihrem Becher und behalten diesen im Mund.
2. Sie legen den Kopf leicht in den Nacken und produzieren, während sie gurgeln, wiederholt den Laut „R".

Hinweis

Das Gurgeln sollte stimmhaft begleitet werden, sodass durch das Gurgeln der Laut „R" entsteht. Ein stimmloses Gurgeln repräsentiert den Laut nicht.

Tipp

Kohlensäurehaltiges Wasser verstärkt den taktil-kinästhetischen Effekt.

Übungslaut G

Der Pinguinlauf

Material Hütchen o. Ä. für die Parcours (z. B. Slalomlauf mit Hütchen)

Ziel Die Kinder stellen die Artikulationsmerkmale des Lauts „G" (kurz, punktuell, stimmhaft) durch das Laufen auf den Fersen dar.

Vorbereitung

Sie bauen im Vorfeld zwei nebeneinanderliegende Parcours auf. Mit der Vorstellungshilfe watschelnder Pinguine sollen die Kinder, auf den Fersen laufend, den Parcours bewältigen. Die Ferse ist der hintere Teil des Fußes und stellt dabei die hintere Artikulation des Lauts „G" dar.

So geht's

1. Sie teilen die Kinder in zwei gleich große Gruppen auf, welche sich hinter je einem Parcours aufstellen.
2. Das erste Kind aus jeder Gruppe beginnt und läuft auf den Fersen durch den Parcours, wobei jeder Schritt sprachlich von einem „G" begleitet wird.
3. Sobald ein Kind am Ende des Parcours angekommen ist, darf das nächste Kind aus der Gruppe beginnen.
4. Die Gruppe, bei der zuerst alle Kinder am Ende angekommen sind, hat gewonnen.

Hinweis

Das Artikulieren des Lauts sollte gleichzeitig mit jedem Fersenschritt erfolgen, um eine bessere Verbindung zwischen der Lautproduktion und der motorischen Ausführung zu schaffen.

Übungslaut K

Prickeln

Material
- » Prickelnadeln
- » Unterlagen (z. B. Filz)
- » Pappe oder dickeres Papier nach Wahl
- » ggf. Motiv-Vorlagen

Ziel Die Kinder stellen die Artikulationsmerkmale des Lauts „K" (kurz, punktuell, kraftvoll) durch das Prickeln dar.

Vorbereitung

Sie sensibilisieren die Kinder für das Geräusch, welches der Laut ergibt. Die Artikulation des Lauts „K" ähnelt dem Geräusch, das beim Prickeln entsteht. Mit dieser Vorstellungshilfe sollen die Kinder die nachstehende Übung durchführen, indem sie jeden Prickelstich gleichzeitig mit der Artikulation des Lauts „K" begleiten. Sie händigen die oben aufgelisteten Materialien aus.

So geht's

1. Die Kinder prickeln ein Motiv ihrer Wahl.
2. Jeder geprickelte Punkt wird sprachlich mit dem Laut „K" begleitet.

Hinweis

Das Sprechen des Lauts und das Prickeln sollten gleichzeitig stattfinden, um eine bessere Verbindung zwischen der Lautproduktion und der motorischen Ausführung zu schaffen. Der verwendete Druckaufbau während des Prickelns wirkt sich unterstützend auf die Wahrnehmung der Artikulationsmerkmale aus.

Glossar

Begriff	Beschreibung/Erklärung
Artikulation	Alle im Ansatzrohr ablaufenden Bewegungsvorgänge, die Laute hervorbringen oder ausformen, wobei sich Artikulationsorgane den Artikulationsorten annähern (Logopädisches Handlexikon)
Artikulationsart	Art und Weise, wie der Luftstrom die lautbildende Hemmstelle überwindet (plosiv, frikativ, nasal, lateral, vibrant)
Artikulationsorgan	relativ bewegliche und isoliert ansteuerbare Körperstruktur, die für die aktive Artikulation eines Lauts zuständig ist (z. B. Zunge und Lippen)
Artikulationsort	eher feste und unbewegliche Körperstruktur, die demnach passiv an der Lautproduktion beteiligt ist (z. B. Gaumen)
hochfrequente Wörter	Wörter, die im aktiven Wortschatz häufig genutzt werden
Identifikation	Heraushören von Hörereignissen
lautgetreu	zu jedem Laut, den man hört, gibt es einen Buchstaben, den man verschriftlicht
Lokalisation	Bestimmung der Position eines bestimmten Lautes in einem Wort
niedrigfrequente Wörter	Wörter, die im aktiven Wortschatz wenig bis gar nicht genutzt werden
phonologische Ablenker	Wörter mit gleichem Anfangsbuchstaben/-laut
segmentieren	Zerlegung eines Ganzen in seine einzelnen Segmente (z. B. ein Wort in seine Silben oder einzelnen Buchstaben)
semantische Ablenker	Wörter aus dem gleichen semantischen Feld
synthetisieren	Zusammenfügen einzelner Sprachlaute zu einem Wort

Literaturverzeichnis

- Anthony, J. L. & Francis, D. (2005). Development of phonological awareness. Current Directions in Psychological Science, 14(5), 255–259. *https://doi.org/10.1111/j.0963-7214.2005.00376.x*
- Bartels, H., Höppe, L. & Siegmüller, J. (2022). Leitfaden Sprache sprechen Stimme schlucken. Urban & Fischer Verlag/Elsevier GmbH
- Bell, A. C. (2019). Qualität sprachheilpädagogischer Förderung: Gelingensbedingungen und Hemmnisse von Interventionen bei Kleingruppen. Springer.
- Bennett, H. C., Denston, A. & Arrow, A. W. (2023). The effectiveness of a parent-implemented, phonological awareness programme on the phonological awareness skills of preschool children. The Australian Journal of Language and Literacy, 46(2), 125–143. *https://doi.org/10.1007/s44020-023-00034-6*
- Bockmann, A., Sachse, S. & Buschmann, A. (2020). Sprachentwicklung im Überblick. In Springer eBooks, 3–44. *https://doi.org/10.1007/978-3-662-60498-4_1*
- Egert, F., Galuschka, K., Groth, K., Hasselhorn, M., & Sachse, S. (2020). Evidenzbasierung vorschulischer sprachlicher Bildung und Förderung: Was man darunter versteht und bisher darüber weiß. In Springer eBooks, 3–27. *https://doi.org/10.1007/978-3-658-26438-3_1*
- Fox-Boyer, A., Groos, I. & Schauß-Golecki, K. (2015). Kindliche Aussprachestörungen: Ein Ratgeber für Eltern, Erzieher, Therapeuten und Ärzte. Schulz-Kirchner Verlag GmbH.
- Jahn, T. (2007). Phonologische Störungen bei Kindern: Diagnostik und Therapie. Georg Thieme Verlag.
- Juska-Bacher, B., Beckert, C., Gyger, M., Jakob, S. & Schneider, H. (2015). Leserelevante Kompetenzen an der Schwelle vom Kindergarten zur Schule. Zeitschrift für Literaturwissenschaft und Linguistik, 45, 28–42. *https://doi.org/10.1007/bf03379722*
- Kauschke, C. (2012). Kindlicher Spracherwerb im Deutschen: Verläufe, Forschungsmethoden, Erklärungsansätze. de Gruyter.
- Kenner, B. B., Terry, N. P., Friehling, A. H. & Namy, L. L. (2017b). Phonemic awareness development in 2.5- and 3.5-year-old children. An examination of emergent, receptive, knowledge and skills. Reading and Writing, 30(7), 1575–1594. *https://doi.org/10.1007/s11145-017-9738-0*
- Lensing, B. & Lensing, R. (2007). Lernfeld Grundschule. In Hans J. Beins (Hrsg.), Kinder lernen in Bewegung (1. Aufl.), 71–74. Borgmann Media.
- Mandler, J. & Zimmer, R. (2006). Sprach- und Bewegungsentwicklung bei Kindern im Vorschulalter. Motorik, 29(1), 33–40.
- Mathias, B. & von Kriegstein, K. (2023). Enriched learning: behavior, brain, and computation. Trends in Cognitive Sciences, 27(1), 81–97. *https://doi.org/10.1016/j.tics.2022.10.007*
- Mays, D., Quenzer-Alfred, C., Metzner, F., Zielemanns, H., Tölle, L., Soyka, V., Krol, L. & Wichmann, M. (2023). Der Übergang vom Kindergarten in die Grundschule – eine Orientierung zum Stand der empirischen Forschung. Zeitschrift für Grundschulforschung, 16(2), 357–389. *https://doi.org/10.1007/s42278-023-00171-4*

Literaturverzeichnis

- Nagler, T., Lindberg, S. I. & Hasselhorn, M. (2018). Leseentwicklung im Grundschulalter. Kognitive Grundlagen und Risikofaktoren. Lernen und Lernstörungen, 7(1), 33–44. *https://doi.org/10.1024/2235-0977/a000185*
- Paetsch, J., Wolf, K. M., Stanat, P. & Darsow, A. (2014). Second-language support for immigrant children and students. Zeitschrift für Erziehungswissenschaft, 17(S2), 315–347. *https://doi.org/10.1007/s11618-013-0474-1*
- Pittner, K. (2016). Einführung in die germanistische Linguistik. WBG Academic in Herder.
- Rank, A. (2020). Pädagogische Orientierungen zum Schriftspracherwerb von Fachkräften im Kindergarten (2006 und 2016). Zeitschrift für Grundschulforschung, 13(2), 339–355. *https://doi.org/10.1007/s42278-020-00088-2*
- Schnitzler, C. D. (2008). Phonologische Bewusstheit und Schriftspracherwerb. Georg Thieme Verlag. *https://doi.org/10.1055/b-002-21540*
- Schründer-Lenzen, A. (2013). Schriftspracherwerb. Springer-Verlag.
- Steinbrink, C. & Lachmann, T. (2014). Lese-Rechtschreibstörung: Grundlagen, Diagnostik, Intervention. Springer VS.
- Zimmer, R. (2015). Handbuch Sprachförderung durch Bewegung. Verlag Herder GmbH.
- Zollinger, B. (2014). Wenn Kinder die Sprache nicht entdecken: Einblicke in die Praxis der Sprachtherapie. Haupt Verlag.